本作品的翻译质量及其与作品原文的一致性由翻译者全权负责。
如译文与原文有不一致的地方，以原文为准。

经济合作与发展组织
科学技术和工业局

OECD
更好的政策，更美好的生活

# 形成中的专利市场

# THE EMERGING PATENT MARKETPLACE

科学技术指标（STI）工作报告2009/9
科学技术与产业统计分析



［日］柳泽智也　［法］多米尼克·圭尔克 著
王燕玲 杨冠灿 译

WUHAN UNIVERSITY PRESS
武汉大学出版社

**图书在版编目(CIP)数据**

形成中的专利市场/(日)柳泽智也,(法)圭尔克(Guellec,D.)著;王燕玲,杨冠灿译.—武汉:武汉大学出版社,2014.6
ISBN 978-7-307-13286-3

Ⅰ.形… Ⅱ.①柳… ②圭… ③王… ④杨… Ⅲ.专利技术—技术贸易—专业市场—研究 Ⅳ.F713.584

中国版本图书馆 CIP 数据核字(2014)第 092406 号

Originally published by the OECD in English under the title: Yanagisawa, T. and D. Guellec (2009), "The Emerging Patent Marketplace", OECD Science, Technology and Industry Working Papers, 2009/09, OECD Publishing. http://dx.doi.org/10.1787/218413152254


责任编辑:胡 荣　　责任校对:鄢春梅　　版式设计:马 佳

---

出版发行:**武汉大学出版社**　(430072 武昌 珞珈山)
(电子邮件:cbs22@whu.edu.cn 网址:www.wdp.com.cn)
印刷:湖北恒泰印务公司
开本:787×1092 1/32　印张:4.125　字数:80 千字　插页:1
版次:2014 年 6 月第 1 版　　2014 年 6 月第 1 次印刷
ISBN 978-7-307-13286-3　　定价:29.90 元

---

# “科学技术指标”系列工作报告

OECD 科学技术和产业局(DSTI)的系列工作报告(www. oecd. org/sti/working-papers),是由本局研究人员或外部专家顾问团基于 OECD 的项目而完成的研究,经过 OECD 筛选并为了使之得到更广泛阅读而公开。这些报告包含了 DSTI 的工作范围之内广泛覆盖热点的系列研究,既具有技术性又具有政策分析性。系列工作报告通常仅提供英文或法文的版本,或其他语种的概述。

我们非常欢迎关于此报告的意见与建议,请您寄送到“the Directorate for Science,Technology and Industry,OECD,2 rue André-Pascal,75775 Paris,Cedex 16,France”。

本报告仅代表作者本人观点,并不反映 OECD 或其成员国政府的观点。

# 序　言

知识产权服务的水平、广度和深度，在相当程度上反映了一个国家知识产权事业的发展水平。

我国专利制度起步较晚，自1985年颁布实施《专利法》近30年以来，我国知识产权服务业已有一定的发展基础，但知识产权服务尚未能满足国家和地方科技经济社会发展的需要，市场需求十分迫切。2008年，国务院颁布实施《国家知识产权战略纲要》，提出将“发展知识产权中介服务”作为专项任务之一，鼓励和引导知识产权服务业快速健康发展。2012年，国家知识产权局等8部委联合发布《关于加快培育和发展知识产权服务业的指导意见》，指出“知识产权服务业技术与知识密集，附加值高，对科技创新、产业发展、对外贸易和文化发展的支撑作用日益显现，市场前景广阔，但存在政策体系不完善，市场主体发育不健全，高端人才匮乏，综合服务能力不强等问题，与我国经济社会发展的要求不相适应，亟待着力培育发展”。

作为知识产权服务业重要组成部分的知识产权交易、转化服务是实现知识产权合理、有效运用的重要手段，是体现知识产权对经济发展促进作用的有力表现方式。然而，如何发展知识产权交易服务，选择适合当前我国科技创新和产业发展水平的知识产权交易服务予以重点培育，是当前知识产权工作中的热点问题。美、欧等发达国家的知识产权事业发展经历了数百年的历程，已然形成相当完善的知识产权服务体系，还具备十分丰富的知识产权服务形式与手段。我们能否从发达国家发展知识产权交易服务的经验中得到启发与指导？

《形成中的专利市场》正是一本描绘美国知识产权交易市场中种种新兴知识产权交易模式、方法与交易手段的图书。该书的英文原版本为OECD（经济合作与发展组织）科学技术和产业局发布的一份科学技术指标工作报告，全书详细分析了专利交易的机制，对美国新兴专利市场中的种种专利交易模式进行了详细的介绍，书中还有丰富的现实专利交易的案例，对于我国当前知识产权交易服务的发展有着相当重要的借鉴意义与参考价值。

当前武汉正面临着建设国家创新城市、国家自主创新示范区的大好时机，全国首个“知识产权特区”也落地“武汉·中国光谷”。在这样的历史机遇面前，发挥武汉智慧之城的优势，大力发展和培育知识产权服务业，势必将有效推进武汉知识产权事业的整体提升与跨越。

武汉市人民政府前副市长　**邢早忠**

# 译 者 序

当前我国的知识产权服务业正发展得如火如荼，无论是专利代理服务的逐步成熟，还是专利分析、专利预警服务的日益兴起；无论是专利质押融资的发展还是专利交易服务的逐步完善，都预示着我国未来专利权利转移、专利转化、专利货币化的新兴与发展。然而，我国的知识产权事业发展毕竟是近30年的事情，欧、美、日发达国家的知识产权事业发展已历经几百年的历史，其知识产权服务业发展对我国的借鉴意义重大。

该书作者从专利转化作为技术—知识—技术循环工具的重要性出发，指出专利交易对于促进这一循环的重要性，分别从市场角度和政府角度分析形成中的专利市场。从市场角度而言，目前专利市场上出现了大量的新兴参与者与新兴专利交易活动。新兴的专利交易活动包括：知识产权交易机制、知识产权组合的开发与许可、防御性专利联盟/专利共享框架和知识产权融资。从政府角度而言，应侧重于培育知识产权市场的公共组织活动，包括提供可获许可的发明信息、专利买卖配对服务、专利许可指南的发展、厘清专利许可活动的规则、专利许可的财政激励和专利流通共享平台的发展等。

本书为OECD授权的中文版本，在此感谢OECD版权中心的工作人员Dounia Boutamdja和Sophie Alibert。本书的出版得到武汉知识产权局董宏伟局长和陈保国副局长、专利处容伯轩同志以及武汉开元知识产权代理有限公司的大力支持与帮助，在此表示衷心的感谢。

知识产权交易是一项新兴的市场商业模式，涉及知识产权、金融、法律及各国政策体系的差异等方面的专业知识和交叉知识，本书的翻译力图忠实地将原文含义表达出来，但囿于译者知识水平有限，书中的错误在所难免，恳请读者批评指正。

译 者

2014年3月

# 目　录

# 专栏目录

# 1 引　言

## 1.1 创新环境的改变

近年来，研究与试验发展(Research and Experimental Development，简称 R&D)活动的环境发生了翻天覆地的变化。由于技术复杂性(technological complexity)的加强和技术融合度(technological convergence)的日益增长，由一个公司独自开发新产品或服务所涵盖的全部技术和模块，变得越来越困难和低效，这一点在信息通信技术(Information and Com-munication Technology，简称 ICT)领域和生命科学领域表现得尤为突出。当前，一部移动电话集成了照相机、液晶显示器(Liquid Crystal Display，简称 LCD)、移动数字助理(Portable Digital Assistant，简称 PDA)、网络浏览器和中央处理器(Central Processing Unit，简称 CPU)等多方面的创新，几乎没有哪家公司独立拥有生产以上所有产品和技术的全部资源。此外，随着客户细分(customer segments)和客户需求(customer needs)日益多样化以及产品生命周期(product life-cycle)日益缩短，企业面向市场开发新技术和提供新产品与服务的速度要比以往更快。而且，由于信息通信领域的技术发展，例如互联网的拓展，使得遍布世界各地的研究人员越来越容易使用与分享全球各类机构创造的先进技术信息和有用的技术思想，而这些技术信息和技术思想能够帮助他们进一步创新。这意味着，在当下，大量推动企业事业发展的创新思想很可能来自于企业外部，而不是仅仅来源于企业内部(JPO，2008a)。

当前，产品和生产过程中所包含及运用的技术日益复杂，创新带来的成本和风险不断提升、客户需求的飞速变化以及互联网的迅猛拓展，在这样的背景下，企业开始转变其创新过程。在此之前，“企业”被视为分散于各地的子公司(country-based subsidiaries)、细分的业务单元(business units)或产品线(product line)的集合体；而现在，企业视其自身是采购、制造、研发、销售、配送等专业化分工的有机组合，它们的创新过程越来越开放(Palmisano，2006)。它们通过与其他企业、政府研发机构和大学等外部机构合作，以获取有用的创新思想，从而更加高效和快速地向市场提供产品和服务。它们也会把自己当前不用的创新思想与技术转让或许可给其他企业使用，以获取收益。

即这些企业采用“开放式创新”(Open Innovation)的发展战略，一方面积极地使用公司外部的创新思想与技术以更加有效和迅速地向市场提供产品和服务；另一方面，允许其他企业使用它们自有但不使用的创新思想和技术(Chesbrough，2003，2006a；OECD，2008)。IBM、Intel和宝洁公司都是这种开放式创新模型的代表(Chesbrough et al.，2006）。如今，创新不再是孤军奋战的发明家束之高阁的故纸一堆，而是专业技术研发融合成功的市场营销团队共同合作的创造性过程（Palmisano，2006）。因此，采用开放式创新模型作为创新过程（innovation process）的一部分，对增强企业竞争力和提升企业创新能力显得越来越重要（JPO，2008a）。

## 1.2 专利交易的重要性日渐增强

随着企业的创新过程更加开放、知识流动的重要性不断增长，专利已成为创新的关键要素。专利在促进创新思想和技术的交换过程中发挥着重要作用，其原因如下：

### 经营自由度

从企业整体视角来看，由于大部分对企业业务发展有用的外部创新思想和技术都受到专利权的保护，那么企业在试图将外部创新思想和技术引入自己的业务范围时，应仔细审查能否在不侵犯其他公司的合法权利的前提下使用这些创新思想和技术。尤其在技术的卖方和所需专利的拥有方并不一致的情形下，那些打算将外部技术用在自身业务中的企业，除了需要与技术的卖方，还需要与所需专利的全部持有人进行谈判，才能获得使用该技术的法律权能（legal ability）。因此，确保专利顺利交易是促进知识扩散（knowledge diffusion）的核心。

## 掌控知识的法律权能

影响技术交易的关键还在于技术评估所必需的信息传递。潜在的被许可人(licensee)或买家需要足够的信息来评估技术对他们的业务是否有用。技术的供给者(technology suppliers)必须有意识地控制信息的提供，以防止客户获得了足够的技术知识可以自行开发而不再通过技术许可或购买获取技术。因此，潜在的被许可人或买家很可能只依据不完全信息进行评估和决策(Chesbrough et al.，2006)。技术买卖双方的信息供需的冲突使技术交易的供求匹配变得困难。但是，专利能够解决这个问题。专利通过界定财产权(property rights)，向技术供给者赋予法律权能掌控他们自己的创新思想并阻止其他人不劳而获，专利使技术供给者的技术信息更加容易获取，使潜在买家或被许可人能够获得关于技术的足够信息。因此，专利能帮助促进创新思想和技术在知识拥有者之间交换和流动。

今天，专利的本质和作用正在发生变化。创新思想和技术的循环流动是创新的基础，因此，在全球化和高度互联的网络化世界(well-networked world)，促进专利的转移、共享或交换对推动创新的发展至为重要，就有观点认为专利是促进知识分享的催化剂(EPO，2007)。因此，在开放式创新的大环境下，除了可以阻止其他人使用公司拥有的创新思想和技术以外，知识产权在促进不同的创新单元之间交换创新思想和技术方面的作用也越来越被寄予厚望(JPO，2008a)。

因此，不断增长的专利开发利用(exploitation of patents)

的需求将专利交易市场(patent transaction market)推到聚光灯下。由于绝大多数的专利交易依据保密协议，专利市场的规模和变化很难测量。尽管如此，据所得信息显示，专利市场规模仍在不断增长。

例如，知识产权的国际许可(international licencing)呈上升趋势。知识产权(包括专利权、版权和商标权)的国际许可收入从1985年的1000亿美元大约增长到2004年的11000亿美元，其中超过90%来自于经合组织的三大主要地区：欧盟、日本和美国(图1)。

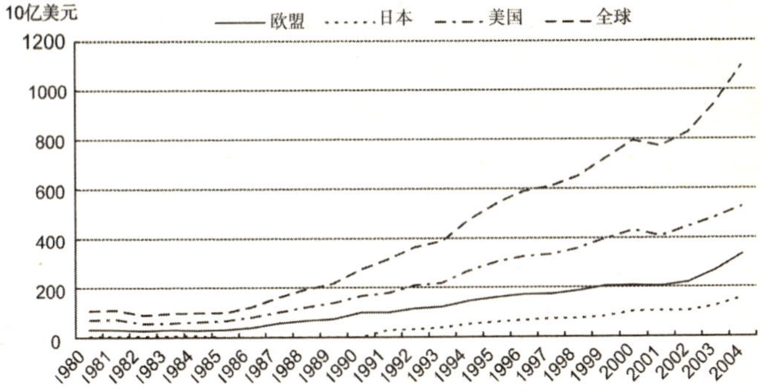


图1 经合组织主要地区的知识产权国际许可收入(单位：10亿美元)
数据来源：《2006年OECD科学、技术和产业展望》。

日益扩大的交易市场向企业提供了专利交换和分享的途径，从而加速了专利的流动(flow of patents)。专利市场能够激发专利在大量企业间流动，从而促进创新思想和技术的流通循环，使专利成为创新的关键要素之一。

随着专利交易市场的发展，各种各样新的实体开始在私营部门中出现，它们将自己的业务专注于与专利有关的交易(patent-related transactions)领域。这些新的市场参与者将为推动创新发挥越来越重要的作用。

因此，政府应尤为重视提高其自身对于新兴市场和市场参与者的认识，以支持它们向着最益于社会公共利益的方向发展(JPO，2008a)。这对于传统的技术导向型企业(technology-oriented companies)或许也同样重要，因为有效利用专利交易市场将帮助它们改善创新过程、增强竞争力。

## 1.3 专利交易市场的状况

近年来，知识产权市场经历了重大改变。例如，美国法院出现了一系列有关专利侵权救济(patent remedies)的判决(损害赔偿、侵权警告)和对可能压低知识产权价值的许可案的判决；企业的知识产权战略由防守型向进攻型转变；旨在促进技术在企业、大学和公共研究机构间转移的各种政策的形成。然而，近期知识产权市场上那些最为显著的变化则是由市场上新兴参与者出现之后方才产生的，它们(新兴参与者)以关注知识产权的价值发现为商业模式。有一些知识产权专业机构力图以战略性专利组合(patent portfolios)的构建和专利许可计划，来实现专利货币化；有一些公司则通过网站建立专利和创新思想的在线交易平台；还有一些公司出于防御目的，建立合作经营企业，为其成员购买和许可专利。这些公司还包括以知识产权价值为基础进行质押放贷的知识产权投资银行和允许投资者从专利权使用费中获取收益、建立类似于共同基金(mutual funds)的基金公司(FTC，2008；JPO，2008a)。除了上述提及的情况以外，可能还存在其他以知识产权作为主要资产的知识产权业务。

这些机构通过提供专利信息、获取渠道甚至融资支持，以促使交易实现并对专利循环流动(circulation of patents)产生显著影响。传统企业以知识产权专业公司的服务作为提高效率和加速创新活动的工具，政府部门通过支持知识产权专业公司的发展与壮大以促使其益于全社会的创新，无论是对于政府还是传统企业，分析与明确专利交易市场上新兴参与者的行为方式都具有重要的意义。因此，本研究以分析专利市场上这些新兴参与者为中心内容。

# 2　专利交易市场上的新兴参与者与交易活动

知识产权交易市场发展迅速，体现在新的知识产权交易形式(types of IP transactions)层出不穷、研发与采购知识产权的途径也日益多样，这些反过来推动专利交易市场不断创造新的知识产权交易模式。这种格局最初由私营部门的行动者驱动而形成。本章概述了知识产权专业公司(表1)的功能与商业模式及它们当前的状况。

如前所述，探察此类知识产权专业公司的商业模式对于深入了解专利市场发展中的问题及其现状十分重要。由于缺乏这些以专利相关的交易为获取收益主要来源的知识产权专业公司的详实的数据，本报告的信息采自以下不同的渠道，如网站信息、协会目录、重要业内人士和专利交易专家提供的信息。在知识产权领域，不同业务间的联系非常重要，而主要参与者相对有限，在同一业务中的参与者的信息很容易扩散于主要市场参与者之中。因而，本报告通过访谈和网络搜索方式对专利市场的主要参与者进行了调研。以下列出了以知识产权转移为主要业务的知识产权专业公司的商业模式和主要活动。

表1 **知识产权专业公司的服务类别与商业模式**

| 服务类别 | 商业模式 | 主要知识产权专业公司 |
|---|---|---|
| 知识产权管理支持 | • 知识产权战略建议<br>• 专利评估<br>• 专利组合分析<br>• 许可策略咨询<br>• 专利侵权分析等 | IP Capital Group; Consor; Perception partners; First Principals Inc.; Anaqua; IP strategy group; IP investments group; IPVALUE; IP Bewertungs; Analytic Capital; Blueprint Ventures; Inflexion Point; PCT Capital; Pluritas; 1790 Analytics; Intellectual Assets; IP Checkups; TAEUS; The IP exchange house; Chipworks; ThinkFire; Patent Solutions; Lambert & Lambert; etc. |
| 知识产权交易机制 | 专利许可/转移经纪 | Fairfield Resources; Fluid Innovation General Patent; ipCapital Group; IPVALUE; TPL; Iceberg; Inflexion Point; IPotential; Ocean Tomo; PCT Capital; Pluritas; Semi. Insights; ThinkFire; Tynax; Patent Solutions; Global Technology Transfer Group; Lambert & Lambert; TAEUS; etc. |
| | 在线知识产权市场 | InnoCentive; NineSigma; Novience; Open-IP. org; Tynax; Yet2. com; UTEK; Your Encore; Activelinks; TAEUS; Techquisition LLC; Flintbox; First Principals Inc.; MVS Solutions; Patents. com; SparkIP; Concepts community; Mayo clinic technology; Idea trade network; Innovation Exchange; etc. |

续表

| 服务类别 | 商业模式 | 主要知识产权专业公司 |
| --- | --- | --- |
| 知识产权交易机制 | • 知识产权现场拍卖/在线知识产权拍卖<br>• 知识产权许可权利交易市场 | Ocean Tomo (Live auction, Patent Bid/Ask); Free PatentAuction. com; IPAuctions. com; TIPA; Intellectual Property Exchange International; etc. |
| | 大学技术转移 | Flintbox; Stanford Office of Technology Licensing; MIT Technology Licensing Office; Caltech Office of Technology Transfer; etc. |
| 知识产权组合构建与许可 | 专利池管理 | MPEG LA; Via Licensing Corporation; SISVEL; the Open Patent Alliance; 3G Licensing; ULDAGE; etc. |
| | 知识产权/技术发展和许可 | Qualcomm; Rambus; InterDigital; MOSAID; AmberWave; Tessera; Walker Digital; InterTrust; Wi-LAN; ARM; Intellectual Ventures; Acacia Research; NTP; Patriot Scientific RAKL TLC; TPL Group; etc. |
| | 知识产权集成与许可 | Intellectual Ventures; Acacia Technologies; Fergason Patent Prop.; Lemelson Foundation; Rembrandt IP Mgmt.; etc. |
| 防御性专利集成/专利共享框架 | • 防御性专利集成基金与联盟<br>• 质押专利的免费共享倡议 | Open Invention Network; Allied Security Trust; RPX; Eco-Patent Commons Project; Patent Commons Project for open source software; etc. |

续表

| 服务类别 | 商业模式 | 主要知识产权专业公司 |
|---|---|---|
| 基于知识产权的融资 | • 知识产权质押贷款<br>• 创新投资基金<br>• 知识产权结构融资<br>• 知识产权密集型企业投资 | IPEG Consultancy BV; Innovation Network Corporation of Japan; Intellectual Ventures; Royalty Pharma; DRI Capital; Cowen Healthcare Royalty Partners; Paul Capital Partners; alseT IP; Patent Finance Consulting; Analytic Capital; Blueprint Ventures; Inflexion Point; IgniteIP; New Venture Partners; Coller IP Capital; Altitude Capital; IP Finance; Rembrandt IP Mgmt. ; NW Patent Funding; Oasis Legal Finance; etc. |

## 2.1 传统知识产权管理支持服务

当前，一些企业的管理者将专利视为一种有影响力的资产类型，因此，建立强有力的企业专利管理战略(patent management strategies)越来越重要。在这种环境下，许多以知识产权为核心业务的企业(IP-centric firms)开始提供多种多样的服务以支持和促进专利权人(patent owner)的知识产权管理。有些公司分析客户的专利组合，评估专利组合的价值，并据此向客户提供咨询建议，例如，客户公司在哪些方面缺乏专利，客户公司的竞争对手都持有哪些专利，以及客户公司可以从哪里获取专利以弥合技术缺陷。另一些公司则提供专利分析软件与工具，专利权人、专利律师、发明人以及其他技术参与人可以通过这些软件获取某项专利或者一组专利组合的各方面信息，包括：专利家族(patent family)信息、现有技术及相关专利信息、目标专利及专利组合的预估市场价值，以及通过专利地图(patent mapping)获取在某一市场中的技术趋势信息。还有一些公司帮助专利权人建立和实施专利许可战略，它们提供的服务包括：详尽的专利分析(patent analysis)、侵权分析(infringement analysis)、潜在被许可人识别(potential licensee identification)、许可谈判(licensing negotiation)支持以及知识产权诉讼(IP litigation)支持。

知识产权管理支持公司提供各种类型的服务，范围包括专利组合开发建议、专利价值评估、专利许可战略制定以及专利侵权分析等。下面将选择性地介绍该类企业的一些服务项目。

## 知识产权管理支持公司的服务

——专利组合开发支持、专利许可支持、专利侵权分析

今天，制定一项强有力的知识产权管理战略，并充分利用好知识产权(尤其是专利)，是企业增强其市场竞争力的关键。然而，大多数的专利权人并不能充分利用他们的专利组合，因为他们缺乏知识产权战略管理支持，以致在评估专利在真实市场中的价值、识别专利技术的潜在市场，

以及处理单个专利许可中的复杂性问题时都面临困难。在这种情况下，一些专业知识产权公司，例如知识产权资本集团（IP Capital Group），Perception Partners，ThinkFire，TEAUS，CONSOR，Patent solutions，Anaqua，IP Strategy Group，IP Investments Group，IPVALUE Management 和 Chipworks（专栏 1）正试图帮助他们的客户公司构建知识产权战略，并通过提供包括专利组合开发建议、专利价值评估以及协助制定许可战略等服务，使客户企业能够实现专利组合价值的最大化。例如，ThinkFire 公司就为全球超过 80 家技术型企业和投资公司提供知识产权咨询与交易服务，这其中就包括黑石集团、讯远通信（Ciena）、惠普、柯达、NEC、诺基亚、银湖投资基金（Silver Lake Partners）。

在专利组合开发阶段，这些知识产权服务公司利用它们的专利分析工具和评价系统，进行详细的专利组合分析和以知识产权为基础的市场分析。一些知识产权咨询公司制作并利用专利地图，来分析客户的专利组合及相关市场。专利地图利用图示告诉客户哪里缺乏专利布局，客户的竞争对手拥有哪些专利，谁是潜在的专利被许可人，以及客户能够从哪些企业手中获取核心专利，也能够让专利权人清楚地了解到他们的专利组合在哪些地方需要增强。专利地图也能够显示出哪些技术已经被其他公司申请保护而哪些技术现在还尚未开发出来，这样就能够有效地帮助技术开发公司开发新技术。专利地图对于具体实施技术的企业而言同样是重要的，因为，进入新的技术市场或者在更广泛的国际范围内扩展现有的产品线，都需要基于详尽的全球专利图景作为指导。通过对客户的专利组合和相关市场的分析所获得的信息，知识产权专业服务公司就可以帮助其客户通过战略性的使用专利资产识别出哪些领域可获得收入，或者哪些薄弱环节容易存在专利侵权指控风险（patent assertion risk）。它们（知识产权专业公司）还为客户提供新增专利的申请指导、专利收购或专利组合拆分等服务，这些服务有助于强化客户的专利组合，并帮助客户的知识产权资产管理更具战略性。

另外，知识产权专业公司也帮助它们的客户建立并执行战略性的专利许可（输入/输出）计划。如今，专利许可已经成为许多技术研发型公司的一项主要收入来源。然而，对许多技术型公司而言，它们并不具备制订和实施专利许可计划所需要的人力资源、资金及技能，知识产权专业公司则可以通过提供专利许可支持服务来帮助它们。当知识产权专业公司为客户向外许可提供服务时，它们主要是帮助客户发现潜在的被许可人以及帮助知识产权专业公司确定许可协议内容，在这个过程中，如前所述，知识产权专业公司首先要进行专利组合分析以及市场分析。如果它们发现客户的专利组合具有价值，并且找到了潜在的被许可人，那么知识产权专业公司就会帮助客户从其专利资产，尤其是未被利用的那部分专利资产中获得收入。知识产权专业公司还会协助客户与潜在的被许可人就许可交易条款进行协商，有时，这些公司还会作为授权代理人代表客户直接与潜在的被许可人谈判。相反，当客户希望从同行手中获得专利许可，知识产权专业公司则会评估目标专利，执行技术引进许可战略，并协助它们的客户与目标专利权人签订许可协议。

此外，当客户面临其他专利权人对其专利提出权利主张时，知识产权专业公司则通过一系列的服务，如竞争对手的专利组合分析(patent portfolio analysis)、专利侵权分析(patent infringement analysis)(专栏1)、和解谈判、专利诉讼支持等，协助其客户形成强有力的专利防卫战略。

【专栏1】

**Chipworks 公司**

当专利权人希望出售或者转让一些专利时(该专利不再作为其整体商业战略的组成部分)，或者当专利权人察觉到竞争对手的产品可能会包括其专利技术内容，知识产权专业公司就有可能去核查这些专利是否存在某些侵权行为，而不能在没有任何价值参考的前提下将这些专利简单出售或者转让。

当某专利权人向某专利实施公司提出专利侵权指控时，这些专利实施公司在与专利权人开始和解谈判前将会进行侵权可能性调查。

对于打算出售或者转让专利的专利权人，或者对于产品可能会侵权的专利实施公司而言，知识产权专业公司，如 Chipworks 和 TAEUS 会向它们提供专利侵权分析服务。

Chipworks 成立于 1982 年，总部位于加拿大温哥华，它是一家技术服务型公司，致力于分析半导体与电子系统中电路及物理组成。Chipworks 的专利侵权分析服务包括：不同公司及产品线的市场研究；潜在的侵权产品的识别；反向工程(reverse engineering)的实施；证明产品是否侵犯专利权的技术说明文档。Chipworks 的业务最有特色的一部分是其进行反向工程的实施。Chipworks 拥有 70 余名的电路、制造工艺以及系统方面的工程师。在这项服务的过程中，Chipworks 的反向工程专家以一项现有的产品为基础，通过对它进行拆分，从而获得关于产品如何形成、如何运转以及如何构成等方面的信息。根据在反向工程中获得的信息，Chipworks 接下来将执行一项详尽的分析并列出产品权利要求清单，阐明所质疑的产品是否涉及侵犯专利权问题。这样反向工程就被运用到了支持公司的知识产权与商业战略过程中来。至今，Chipworks 已经审查过近 30 000 项专利，同时还分析了 10 000 多项产品。

这项服务通过提供证明其他同行存在技术侵权行为的技术证据，帮助专利权人防止竞争对手能够随意使用专利权人技术的“搭便车(free riding)”行为。例如，如果一个专利权人通过利用侵权分析服务获得了技术证据，证明潜在的技术买方或者被许可人的产品已经使用到了其专利技术，那么专利权人就能够在谈判过程中强化其地位，提出更好的价格，或者制止竞争对手轻易地使用其专利技术的行为。专利侵权分析能够帮助那些正遭受其他专利权人侵权指控困扰的专利实施公司确定其产品是否真的侵犯了其他同行的专利。

于是，通过有效地利用知识产权专业公司所提供的服务，企业能够通过制定战略性的专利组合增强其在市场中的地位、通过启动战略专利许可计划获得许可收益，或者通过加强自身商业行为保护来对抗其他同行的专利侵权指控。

## 2.2 知识产权交易机制

通过技术购买或技术许可引进技术并将这些技术与企业自身的核心技术(core technologies)融合，对于企业有效地进行技术创新以及增强竞争能力十分关键。因此，许多公司开始考虑去获取那些涵盖核心技术(key technologies)的专利以便得到这些有价值技术的所有权，从而能够在不受任何干预的前提下最大化地使用它们，以进一步开发出更具创新性的技术。其中，有些公司想通过从外部渠道获取专利强化作为防卫盾牌的专利组合来保护经营的自由度，以减少专利侵权指控风险(risk of patent assertion)。还有一些公司寻找专利并不是为了生产或售卖产品，而只是为了建立战略性专利组合，把组合中的专利许可给可能使用到它们的公司，从而获益。基于以上这些原因，近年来一些机构开始越来越多地寻找能够获得专利的各种机会。

与此同时，一些公司的管理者开始视知识产权为重要资产并认识到将知识产权产生的货币价值进行最大化的重要性，它们也越来越多地力图剥离或向外许可它们专利组合的一部分，尤其是使用不足的部分。例如，当一家公司选择退出某项特定业务领域，而与这个领域关联的专利是另外一家公司的业务的核心支撑，那么它会通过与那家公司进行交易以实现这些专利的货币价值。

因此，企业越来越多地从企业发展战略的角度考虑放弃或者争取专利以强化自身的业务。然而，迄今为止，最具潜力的专利卖方或买方都不能够有效地出售或者购买专利。因为，在许多案例中，专利权人(patent holders)并不具备一个成功的专利交易所需要的资源、技能或者是与有兴趣的购买者之间的联系。而且，由于专利价值受一系列因素的影响，如权利要求的范围、专利目前和未来使用的范围、实施专利的能力等，大部分企业很难识别专利的价值。同样，许多有意愿的专利购买者并不拥有识别专利价值所需要的资源和技能，例如：识别核心专利和这些专利恰当的市场价值；适时启动、促进与目标专利持有人的谈判等。

对这些买方或卖方公司而言，知识产权专业公司提供各种各样的服务，不仅可以支撑、促进某项专利转让与交易，而且可以促进更多专利的扩散与流动。以下是一些可能有助于促进专利合理分布的代表性商业案例。

## 知识产权经纪

IPotential、Inflexion Point、Thinkfire、Pluritas、Active Links 和全球技术转移集团（Global Technology Transfer Group）等以知识产权为中心的公司都提供专利经纪服务（IP brokerage service）。这些公司通过技术、法律和商务的专门知识将有意愿的专利卖方和可能的专利买方联结起来以实现专利交易。知识产权经纪提供的知识产权许可支持服务与前述的知识产权管理支持服务公司的支持服务几乎相同。一般说来，提供知识产权许可支持服务的公司也同时提供知识产权经纪服务。

知识产权经纪（IP brokers）同时向专利交易的卖方和买方提供经纪服务。对卖方，经纪人帮助客户提升他们打算剥离的全部或部分专利组合的现金价值。通常，知识产权经纪首先评价客户的专利以了解它们的潜在价值，在确定了这些专利的价值之后，基于各个行业的专利信息专家网络、知识产权经纪圈内的联系以及对知识产权市场的广泛了解，他们力图寻找可能需要这些专利的潜在的购买者。在与客户合作的过程之中，他们逐渐形成了价格目标和销售战略。最终，知识产权经纪会与最佳的预期买方进行交易协议的谈判并尝试成功达成交易。一旦他们帮助客户进入到许可计划的进程之中，知识产权经纪将尝试与尽可能多的被许可人达成许可交易。

对买方，知识产权经纪人则帮助他的客户获得与其技术相关联的有价值的专利。在这个进程之中，知识产权经纪人首先判断目标候选专利(candidate patents)是否涵盖了与客户业务相关的重要的关键技术。随后，他们会接触目标专利权人，在对客户身份保密的情况下对专利采取转让或是许可的交易形式进行深入讨论。借助知识产权经纪买方服务，购买专利的公司不仅扩大了获得外部有价值技术的机会，而且强化了自身的专利组合，还把遭到侵权索赔的可能性降到最低。

例如，自2003年以来，IPotential完成了123项专利交易，包括3800项专利或专利申请转化。根据IPotential的统计，总交易额超过2.65亿美元(IPotential，2009)。它们帮助供给与需求实现了最好匹配并促成了知识产权交易，因此，知识产权经纪在知识和技术扩散的过程中所发挥的作用也越来越重要。

## 知识产权的在线配对平台

正如前面所讨论的，这些公司一方面开始考虑更为积极地获取外部知识与技术，另一方面则试图让别的公司使用它们闲置的知识与技术以获取收益。然而，许多公司不仅对识别谁拥有可获取的创新性技术感到困难，也对发现谁是它们想要剥离的内部技术的潜在创新者感到力不从心。在这种情形下，InnoCentive(专栏2)、Yet2、Tynax、UTEK、NineSigma、YoruEncore、Innovation Exchnage、ActiveLinks and SparkIP提供基于网络的在线平台，以联结想要卖掉知识产权的知识产权所有者和寻求新思想与新技术的知识产权消费者，这些公司的服务可以促使知识与技术的循环。

【专栏2】

**意诺新公司**

意诺新公司(InnoCentive)是一个全球化的在线市场，这个市场把有技术创新需求的各类组织，如公司、学术机构、公共服务部门和非营利组织编织起一个全球网络，提供超过18000个技术难题的解决方案。InnoCentive于1998年通过Eli Lilly的e. Lilly分部孵化为初创型公司，并于2001年毕业，成为独立公司。

InnoCentive通过提供基于互联网的在线平台，把那些在研究中遇到疑难的机构和帮助解决疑难的机构联结在一起。那些在平台上发布疑难的公司，InnoCentive称之为“寻求方”，它们面临重大科学挑战但在内部实验室中也无法解决。寻求方包括：宝洁(Procter & Gamble)、陶氏化学(Dow Chemicals)、艾利丹尼森(Avery Dennison)、Pendulum，Eli Lilly and Company、杨森(Janssen)、苏威(Solvay)、GlobalGiving和The Rockefeller Foundation等企业、政府和非营利组织。在线技术疑难“解决方”，其数量已超过18万个，通过在线技术难题解决方案竞争赢得由寻求方提供的奖金。解决方基于它们自身的研究兴趣和专业方向在线寻找寻求方发布的科学疑难。如果解决方对特定的难题提出了解决方案，它将提交这个方案以供寻求方评价。如果某一项解决方案被寻求方评为最佳解决方案，解决方就将获得寻求方事先确定的一笔奖金，最高可能达到100万美元，而这个解决方案的知识产权也将完全转移到寻求方。InnoCentive管理整个转移过程，解决方与寻求方的身份完全保密。

目前，已有150家公司的大约900项技术难题公布出来，超过400项难题已得到解决。InnoCentive认为这种技术需求与供给相结合的方式可以应用到不同领域，无论是化学研究还是商业方法甚至是经济发展研究领域的创新(《经济学人》，2009)。

一项关于InnoCentive公司的开放创新市场的商业模式的研究报告指出，把一项技术难题的信息向公司外部大量的技术解决方公开发布是解决技术难题的非常有效的办法；同时，它还指出，技术难题的核心越是深入到解决方的专业领域，解决方就越想要去攻克这个难题(Lakhani，2007)。

以下是一些由InnoCentive的开放式创新市场解决的技术难题的概览。

### 非石油产业研究者解决海洋漏油回收难题

2007年，海洋漏油回收研究所(the Ocean Spill Recovery Institute)曾提出漏油船上分离固态油和水的技术难题。而这项难题的解决者却是一位没有任何石油产业技术背景的纳米技术专家，他采用原本在混凝土产业中采用的技术，即在水泥砼中通过混凝土的振动使其保持液态(Hagel 和 Brown，2009)。

### 结核病联盟根治世界上最致命的疾病

结核病联盟(TB Alliance)是一家致力于促进结核病治疗新药的发现与研发的合作研发机构。2007 年年末，结核病联盟在 InnoCentive 上公布了一个技术难题。这个难题主要想寻找目前结核病治疗的合成药物生产过程的简化方法。据统计，全球每 20 秒就有一人死于结核病。而这种方法能提高药效、降低成本，使其在更大的范围更易于获得以抑制结核病的传播。当这个难题在 InnoCentive 上公布时，有 344 个参与者第一时间签署了协议以获取技术难题的细节。结核病联盟仔细审查了各方提交的 27 个方案，并筛选出 2 个获胜方案。其中一项来自于中国科学家，另一项来自于德国的研究团队。在 InnoCentive 的协议约定下，与解决方案相关的知识产权全部转移至结核病联盟，而每个获胜者得到结核病联盟提供的 2 万美元奖金。结核病联盟目前正在实施这两个方案，如果方案在实践中实施成功，它们在开发低成本的结核病治疗药上作出的贡献将使数百万的结核病患者受益。

## 知识产权现场拍卖/在线知识产权拍卖，知识产权许可权交易市场

为了使与专利权相关的权利转移更为便利，构建一个专利转移或许可的交易价格共享数据库是十分重要的，这个数据库基于历史交易信息，为未来专利转移与许可提供参考。通常来说，与专利权利转移或许可相关的信息都是保密的，因此，无论对专利买方还是卖方而言，通过获得以往相似交易的数据来优化交易过程中的询价或支付过程都显得十分困难。在这种情形下，一些知识产权专业公司开始提供知识产权市场中透明、可预测的知识产权转移服务。这样的知识产权权利转移服务包括知识产权拍卖（IP Auction）、知识产权许可交易市场（IP licence-right trading market）。

Ocean Tomo 公司通过开展专利现场拍卖（专栏 3），促进了专利转移。

还有一些机构提供在线专利拍卖服务，包括 Ocean Tomo（专栏 4）、知识产权拍卖公司（IP Auctions）、免费专利拍卖公司（Free Patent Auction）。这些在线拍卖商为有意向的专利卖方和买方提供网络平台。专利卖方将可以出售或许可的专利所保护的创新思想罗列出来，专利买方来查看有价值的专利能否市场化。

进而，以提高知识产权市场透明性、可预测性和促进知识产权转移为目标的新兴商业模式正在兴起。国际知识产权交易所（Intellectual Property Exchange International，简称

IPXI）提供高度透明的知识产权许可权交易市场，称为“单位许可权合同市场（Unit License Right contract market，简称ULR合同市场）”（专栏5）。

这些合同也可以提升专利的流动性。此外，这类服务提供了一种价格发现机制，通过允许所有的市场参与者查看单个专利交易的成交价格，而这些在过去都是保密的。

【专栏3】

### Ocean Tomo 的知识产权现场拍卖

2003年成立、总部设在芝加哥的Ocean Tomo，于2006年在旧金山成功进行了世界上第一笔知识产权现场拍卖。为了提高知识产权转移市场的透明度以促使公开的知识产权交易，Ocean Tomo的知识产权在线拍卖应运而生。众所周知，以往的知识产权交易都是秘密操作，潜在的卖方和买方无法获取以往相似的IP交易案例信息。通过Ocean Tomo提供的知识产权现场拍卖，有意向的专利卖方能够广泛地推广其专利。其间，Ocean Tomo允许潜在的买方获取即将进入拍卖程序的专利的信息。这些信息包括了卖方姓名（名称）、在售的专利著录信息、预期价格、专利的技术概要以及潜在目标市场。通过对拍卖专利的大量信息的公开，Ocean Tomo帮助有意向的买方制定一套获取策略以及是否应购入或应在什么价位购入的市场决策。

截至2008年，Ocean Tomo已在美国和欧洲主持了8场专利拍卖，成功达成了267个专利交易。这些交易的价格和专利的数据可以在Ocean Tomo的网站上查到。通过Ocean Tomo的现场拍卖实现的专利交易额已达到1.12亿美元。

【专栏4】

## Ocean Tomo的专利在线叫价询价系统

Ocean Tomo还提供一种在线专利询价叫价系统（Patent Bid-Auction，简称P/B-A）服务以提升专利交易市场的透明度从而加强专利的流动。这个服务为潜在的专利买方和卖方提供了一个在线市场。P/B-A允许那些有出售或许可意向的专利权人将其出价公布在网站上。有意向的卖方或许可方公布的信息包括专利的预期价格、公开号、专利家族信息。如果买方对于卖方公布的信息的专利或是获得该专利的外部许可感兴趣，则可采用匿名方式对这些专利进行叫价，专利权人则会收到来自P/B-A的确认信息。作为P/B-A的一部分，Ocean Tomo也提供专利经纪服务以帮助专利权人和投标人达成买、卖价格的一致。因而，通过P/B-A潜在的专利卖方和买方能够顺畅地进入以专利权利转移为核心的协议协商之中。潜在购买者或被许可人还可以对没有在P/B-A网站上公开的专利进行匿名投标。一旦未公开专利的投标信息在 P/B-A 上出现，经纪人将联系专利权人协商这项专利以出售或独占许可给其他人。这意味着 P/B-A 一方面促使潜在的购买者或被许可人匿名获取他们需要的公司外部专利，而另一方面给予卖方以广泛推广其专利的良好机会。

P/B-A 除了为专利的潜在购买方、出售方、许可人和被许可人提供一个与专利相关的有效转移平台之外，还具有专利转移价格发现和专利转化的场所的功能。P/B-A 网站上公布了所有专利购买、出售、独占许可的出价以及最终转移价格，每一个访问该网站的人都可以浏览。无论哪一项专利转移的参与方在价格确定上有困难，都可以访问 P/B-A 网站查阅以往专利转移的价格数据以决定自己在转移交易中的定价或出价。

【专栏5】

### 国际知识产权交易所

单位许可权利合同市场

IPXI 于 2007 年由 Ocean Tomo 创办，总部设在芝加哥。为促进 IP 许可的透明与高效，于 2009 年年末推行单位许可权利(Unit License Right，简称 ULR)计划。该项计划通过标准化知识产权许可合同、搭建专利买卖双方分级活动领域、促使知识产权许可的二级市场引入强化知识产权的转化模式，以达到创造更为透明和高效的知识产权许可市场的目标(IPXI，2009)。ULR计划由“ULR合同的首次销售”和“ULR的次级市场”构成。通过“ULR合同的首次销售”，IPXI将与特定专利相关的消费性非独占专利权(ULR合同)出售给有意向的参与人；通过“ULR的次级市场”，IPXI允许ULR合同的持有者以市场价格再销售额外的ULR合同。ULR计划框架如下：

知识产权权利转移：从权利人到IPXI

在ULR的程序中，IPXI首先形成一个或多个特别目标有限责任公司(Special Purpose Limited Liability Companies，简称SPC)，以实现从专利权人收集专利组合。SPC主要的工作不仅包括管理ULR合同的初始销售、审计ULR合同权人和代表IP所有者执行事务，在特别必要时，它们还将对侵权的第三方采取行动。在收集专利组合时，SPC仔细评估专利组合中每一项候选专利的价值，专利权人往往希望能全方位地加速专利的流动，如专利作为法律权利的稳定性，权利要求范围、专利组合所覆盖的技术范围和产生许可收益的可能性。在进行了专利组合的详尽调查之后，SPC和专利组合中的候选专利权人将进行协商，以最终确定市场计划和许可标的，并且进入到授权转让许可或排他许可的配置阶段。对于特定的专利组合，专利权人将以授权或排他许可的形式将专利权利转移至 SPC。在后一个案例中，SPC 将获准公布已确定的专利组合的非排他许可的子许可数目(ULR 合同)，并代表知识产权持有人强化专利组合中的专利以对抗侵权指控(alleged infringers)。每个候选专利组合要求至少包含一个已用于或即将用于产品制造的美国公开专利、有市场需求、预期有潜在的被许可需求。SPC 和专利权人之间的合同包括关于 ULR 合同信息公开方面的特定条款，诸如出价和出让 ULR 合同的数量(IPXI，2009)。

ULR 合同的初始销售

SPC 在接受专利权人的专利权利转移和排他许可之后，将安排 ULR 合同的公开初始销售。在初始销售时，SPC 为 ULR 合同进行出价、销售或公布信息。

ULR 公布信息的简短描述：

ULR 公布信息包括：打算许可的专利和应用约束(地域、领域等)；ULR 授予权利的限制；出让的总量；部分已有的定价，等等。

示例的 ULR 交易的核心描述：

ULR(s)：U137A，B&C Valve Seat Insert

专利：X，XXX，137 和后续的以及后续专利的国外部分专利

许可使用范围：全部领域

约束：通过 IPXI 的二次销售

公布者的使用权：有

单元基础：一个 ULR 合同覆盖了轿车或轻型卡车引擎

总体出让数量：50 单位份额中包括的 500 万许可单位

出让期限：3 年

许可期限：至消费时

部分：

U137A：100 万 ULR 的初始出价为每单位 0.5 美元（例如，单位 1）

U137B：100 万 ULR 的初始出价为每单位 0.75 美元（例如，单位 1 000 001）

U137C：300 万 ULR 的初始出价为每单位 1 美元（例如，单位 2 000 001）

资料来源：Malackowski，2009.

ULR 合同初始销售的收益将按比例分配给专利权人。ULR 合同给予 ULR 购买者对于预定产品和服务以使用特定专利的权利。于是，ULR 买家通过购买 ULR 合同获得出售一定数量的预先支付的专利使用许可的标准单位。ULR 权利转移合同的最主要贡献之一是 ULR 合同是可使用的。这意味着一个 ULR 合同就是赋予使用那些包含特定专利组合的产品或服务的权利，当被许可的产品或服务用于出售或进口时，这个权利在许可进程中被使用（Gray，2008）。因而，URL 买家可出售的单位数量等于可购买的许可数量（IPXI，2009）。总之，ULR 合同是赋予特定产品服务组合的有限权利供给。例如，如果一个

ULR 合同买家打算生产一个 ULR 合同包含专利的 500 万份产品，这个买家需要购买 500 万 ULR 合同。ULR 合同的持有者有特定的义务，包括向 SPC 和 IPXI 定期汇报 ULR 合同的使用数量、时间。他们还需要接受 SPC 实施的 ULR 合同使用审计。ULR 合同的使用信息由 IPXI 周期性地发布给市场上的所有参与方。对于潜在的购买者、专利权人或者是任何打算推测 ULR 合同未来市场价格的参与方来说，ULR 合同的使用比率数据都相当重要，因为使用比率会影响 ULR 合同的次级市场价格(Gray，2008)。

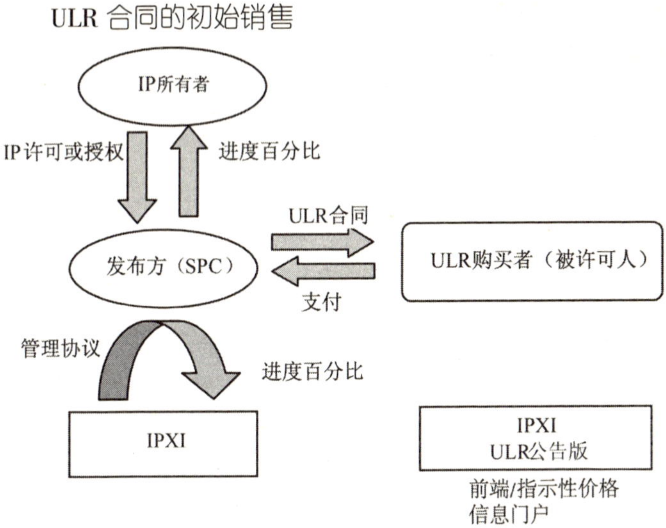


资料来源：IPXI，2009.

### ULR 合同的次级市场

IPXI 还使得 ULR 合同的次级市场得以发展。ULR 合同的次级市场允许那些积压 ULR 合同的持有者再次销售未使用的 ULR 合同，以使它们加速流动。例如，如果一家公司在初级市场购买了 250 万 ULR 合同，但随后放弃了所购买的关联 ULR 合同的产品线，因为比预期销售差而积压了 100 万 ULR 合同。公司可联系 IPXI 以市场价格促使权利转移，在 ULR 合同的次级市场上将未使用的 ULR 合同进行二次销售。

有意愿的买方还可以在 ULR 合同的次级市场上购买所需的 ULR 合同。因而，买方可以出于公司的商务计划的变化对 ULR 合同市场需求进行战略决策，以决定在初级还是次级市场上购买 ULR 合同。例如，单价为 2 美元的 ULR 合同共有 2500 万份在初级市场上打包销售，买家预期在未来的 18 个月之内使用 250 万份。于是，买家可以在初级市场上购买 125 万份 ULR 合同覆盖未来 9 个月的使用期，如果产品依计划生产，买家还可以按照市场价随后通过次级市场购买更多的合同。从而，买家避免了在业务进展不顺利时承担大量 ULR 合同积压的巨大风险。另外，买家承担着 125 万份合同的价格风险，因为次级市场上的 ULR 合同价格高于初级市场。实际中，考虑到通过次级市场转移权利，买家通过联系 IPXI 并征询单位 ULR 合同的指导性价格，然后权衡是通过再销售市场（ULR 合同的次级市场）还是通过新一轮初始销售（ULR 合同的初级市场）发布 ULR 合同（IPXI，2009）。

因而，ULR合同的次级市场使购买者能够不受许可协议的成本、时间和区域限制供再出售或再购买额外ULR合同，从而ULR买家可以弹性地管理ULR合同的需求。

ULR 合同的次级市场

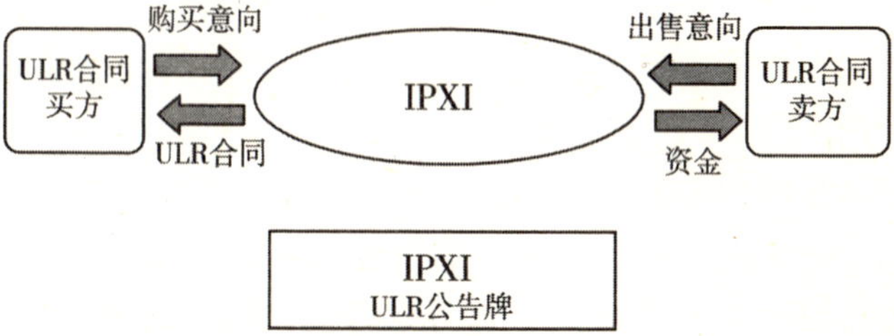


例如：10万份 ULR202-A，每单位1.25美元。

资料来源：IPXI，2009.

ULR合同的次级市场还有价格发现功能，所有的市场参与者都可以监控当前的许可费率。开放的次级市场的透明性和价格发现功能，将为所有的买家提供公平的竞争环境。公平进入定价和讨价还价市场许可环境中的各参与方能够利用这些信息有效地将知识产权货币化。

通过透明、弹性的专利许可框架和价格发现功能，ULR的运作程序潜移默化地提升了知识产权市场的效率和可预测性。

如果大量的专利转移通过 IP 现场拍卖或专利招投标等方式进行，那么关于专利转移的价格信息就逐渐积累起来，想要出售、购买、许可专利的参与方虽然在专利价值评估上有困难，但可以通过参考价格信息发现专利的合理价格从而促进协议的达成。当然，仅依靠从这些价格信息识别专利的绝对价值相当困难，因为专利受其外部商业环境影响巨大，外部商业环境影响因素包括专利属于谁所有、如何管理、属于哪个行业？例如，一个为自己的产品线寻求保护的买家与一个试图启动跨公司间的许可程序的买家对价值的评估肯定是不一样的。即便如此，这些安排很可能强化 IP 市场的透明度，并且通过专利转移的历史数据信息帮助协议中专利转移的各方寻求合理的市场价格。因此，此类格局的形成与发展对于提升创新十分重要。

## 大学或研究机构的技术许可/技术转移办公室

大学或研究机构向商业市场转移技术对于提升创新十分重要。诸如大学的技术许可/转移办公室(Technology Licensing/Transfer Offices，简称 TLOs/TTOs)对加速从大学和研究机构的技术和知识产权向产业界转移/许可十分重要。例如，2008 财年，斯坦福大学技术转移许可办公室(Office of Technology Licensing，简称 OTL)签订了 107 项新的许可协议，546 项技术获得了 6250 万美元特许权使用费收益(royalty revenue)(OTL，2008)。而一些知识产权专门公司诸如知识产权基金和知识产权集成、许可公司近期也开始尽力获取大学或研究机构的技术。TLOs 和 TTOs 成为加速知识从大学、研究机构向产业界转移的平台，并将会越来越重要。

## 2.3 知识产权组合的开发与许可

有些公司通过捆绑补充性的外围专利开发出强有力的专利组合(patent portfolios)，许可给他人使用；还有一些公司以其内部研发活动产生的专利来构建专利组合；另有一些公司通过战略收购其他公司的专利建立专利组合。这些公司一般并不以它们的专利生产任何产品或提供任何服务，而是通过建立基于其专利组合的许可计划，从中获益。

事实上，这些公司的出现正在改变传统的专利管理战略的游戏规则，尤其是与诉讼回避(litigation avoidance)这一特定战略相关的规则。当对方当事人也是一个生产经营公司时，面临专利侵权指控的公司会以自己的专利作为谈判筹码(bargaining chips)，以避免代价高昂的诉讼。基于相互威慑(mutual deterrence)的牵制力，如果两家公司都有针对对方产品的专利，则它们都不用担心对方会进行同样的侵权指控或诉讼。但是，当被侵权公司仅仅只是专利权被侵犯且它并不生产任何产品或提供任何服务，则该知识产权专业公司不能以其专利作为筹码进行侵权指控。由此，以上各种类型的知识产权专业公司的商业模式对企业的知识产权战略影响显著。

### 专利池推动者/管理者

技术的标准化越来越重要。尤其是在通信和计算机行业，产品的高度模块化和模块之间的互操作性是关键，加强技术的标准化对于迅速和有效地向市场提供新产品十分重要(Shapiro，2001；JPO，2008a)。

同时，尤其在与高技术相关的领域中，制定不包括专利的技术标准几乎不可能。因为随着知识产权在创新活动中的重要性日益增加，那些最有用的技术均由专利保护。更加复杂的问题是，许多特定产品或服务所依赖的核心专利(essential patents)，受R&D活动的平行分工(horizontal division of labour)发展的影响，往往由多个不同的专利权人分别持有，这也使得专利的获取更为复杂。这意味着一些企业，在将包含特定标准化技术的新产品或新服务进行商业化的过程中，必须从众多专利持有人中获取专利许可，这需要耗费高昂的成本、大量的时间和资源。此外，如果某些核心专利权人要求不合理的特许权使用费或拒绝将专利许可给其他方，标准化技术的扩散可能会受阻。

技术标准化对ICT等领域的技术创新至关重要，因此，营造有利于技术标准化的环境，使潜在的被许可人方便地获得特定技术所依赖的核心专利十分重要。采用专利池(patent pools)或专利联盟(patent consortiums)形成特定的专利安排，能够提供解决这个问题的一种方案。从一些事实可以观察到，专利池或专利联盟这种制度安排为市场参与者获得特定标准化技术所依赖的核心专利提供更大的机会，于是也加速了与特定标准相关的专利许可进程。

一般地，专利池是指两个或两个以上的专利权人之间达成协议，相互或向第三方许可一项或多项专利，通常是特定技术的核心专利。专利池也可以定义为专利权人通过某类中介机构向被许可人许可的不同种类知识产权的集合，这类中介机构甚至可以是专门为管理专利池而成立的合营公司(Clark 等，2000；JPO，2008a)。

在后一种情形中，专利池基于拥有某一技术核心专利的专利权人和管理者之间的协议，由管理员进行管理。根据协议，专利持有人转让专利等相关权利给管理员，这些权利依协议的约定范围而各不相同。一般情况下，管理员将代表专利权人，对专利颁发非独占子许可。然后，管理员寻求将专利广泛授权给其他方以产生收益，专利池的特许权使用费将根据事先安排的分配方案在专利权人之间进行分配。为此，专利池允许专利权人从他们的专利中获得收入，而不必耗时费力地逐一对各项专利进行单一许可。专利池还帮助专利权人加快专利的技术传播，从而为这些专利所支撑的产品实现市场拓展。

从企业的角度来看，企业希望在其业务中使用的技术能为专利池所涵盖，专利池使它们能够轻松地通过一次单一交易获得技术所必需的全部或者绝大多数专利。此外，被许可人通过专利池获得必要许可所花费的成本，远比分别从每一个核心专利权人获得许可要便宜得多。因为专利池通常包含了核心专利多层级特许权使用费(stack of royalties)的控制机制，能够以合理的价格提供专利的一揽子(打包)许可。普遍认为，专利池是使潜在的专利被许可人有效地获取核心专利的有效方法之一，尤其是在通信、计算机硬件和软件等行业，有时企业获取几十或几百项专利，仅仅只是为生产一种商品。

因此，专利池在促进创新方面发挥着关键作用，例如MPEG-2 专利池，通过减轻特许权使用费的累积支付压力促进技术扩散，通过减少技术搁置来培育创新(Gray，2008)。

基于上述背景，知识产权专业公司正在不断涌现，它们专注于促进专利池形成和对已有专利池的管理，这些专利池涵盖特定技术标准的核心专利。SISVEL(详见专栏 6)、专利开放联盟(the Open Patent Alliance)、3G 许可联盟(3G Licensing)和 ULDAGE 有限公司等都属于这种类型的企业。

【专栏 6】

**SISVEL 公司**

SISVEL 是一家专利池管理公司，总部设在意大利都灵，在美国、德国、日本和中国设有分支机构。SISVEL 公司始建于 1982 年，依据意大利的一些电视机制造商之间的协议而成立，旨在促进这些公司的专利利用。其目前的业务重点为特定技术，尤其是与标准技术相关的核心专利的专利池的形成和管理。SISVEL 目前正管理着多个实施技术标准的基本专利的专利池，包括：运动图像专家组(Moving Pictures Experts Group/Motion Pictures Experts Group，简称 MPEG)音频技术标准、地面数字电视广播(Digital Video Broadcasting-Terrestria，简称 DVB-T)技术标准和码多分址 2000(Code Division Multiple Access

2000，简称 CDMA 2000）技术标准。它还准备拟定新的手机数字电视（Digital Video Broadcasting-Handheld，简称 DVB-H）的许可方案。

对于 MPEG 音频技术标准，SISVEL 拥有飞利浦和法国电信（France Telecom）在内的 6 家公司专利的全球独占许可权。这些专利覆盖 ISO / IEC（国际标准化组织/国际电工委员会）11172-3 和 ISO / IEC13818-3 MPEG 音频标准中的核心要素，即压缩的音频信号并将其转化为数字信号的数字处理标准。SISVEL 将这些专利向 1000 多个被许可人（licensees）进行了许可，包括苹果、微软、诺基亚和东芝等公司。

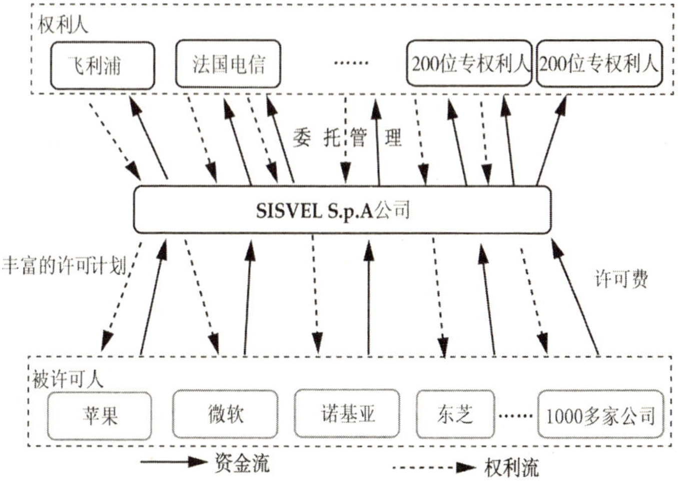


资料来源：JPO，2008.

SISVEL 公司的商业模式如下：首先，SISVEL 征集特定的技术标准的核心专利。那些对技术标准设立计划感兴趣的持有人如果认为其持有专利是技术标准的核心专利，将与 SISVEL 联系，并向其提交专利以进行核心性评估。SISVEL 公司通过独立的专利评估机构（patent evaluator）对所提交的专利进行核心性评估。其次，SISVEL 与技术标准核心专利的持有人协商，以确定许可条款，包括专利许可费（licence fees）和利润分红。最后，SISVEL 公司从专利权人（patent holders）那里获得这些专利的独占许可（exclusive licences），向专利组合（patent portfolio）的潜在需求者提供联合许可（joint licence），这些潜在需求者希望在其经营业务中用到由专利组合涵盖的专利技术。

SISVEL 的许可计划（licensing programme）使被许可人仅在一次交易中就向多个专利权人获得特定技术标准所必需的专利，而不必逐个与每个专利权人进行多次交易。

有观点认为专利池不利于公平竞争。然而，事实却是，专注于专利池管理的专业公司不仅广泛存在而且其业务范围还正在不断扩大。

## 知识产权开发/技术研发与许可

有一些公司如传统的技术导向型公司在 R&D 活动中投

入了大量资金，其目的是通过 R&D 创造专利或技术秘密(know-how)等知识产权并从中获益。这些公司一方面通过自己开发的技术和专利生产产品，另一方面也向外许可这些技术和专利。然而，大多数公司并不向消费者提供任何产品或服务，而是将专利和技术秘密许可给经营性公司。因此，许多此类公司的大部分甚至全部收入来自无形的知识产权而不是现实的产品。例如，ARM 公司(Advanced RISC Machines)，总部设在英国，是一家技术公司，目前收入实现了强劲增长。它控制着微处理器(microprocessor)专利市场(patent market)的主要份额，但几乎从不自己制造产品，而主要将其知识产权许可给其他公司(Keeler，2008)。这类公司往往在向被许可人进行知识产权许可的同时提供咨询服务，以帮助他们实现专利技术向产品或制造过程的注入性整合。这类公司包括：高通(Qualcomm)公司、Rambus 公司、高智公司(Intellectual Ventures)、AmberWave 公司、InterDigital 公司、MOSAID 公司、Tessera 公司、Walker Digital 公司和 Wi-LAN 公司等。

## 知识产权集成与许可

这类公司主要通过购买其他公司的那些与其知识产权货币化(IP monetisation)战略相符的专利来开发其战略专利组合。随后，它们启动专利许可计划，以此获取收益。这些知识产权集成公司从大型技术公司或资本市场筹集资金用来购买构建专利组合所需要的有价值的专利(Millien 和 Laurie，2007 年，2008 年)。它们通过专利组合的向外许可获得收益，也使投资者获得回报。高智公司(专栏7)、Rembrandt知识产权管理公司(Rembrandt IP Management)和Acacia公司(Acacia Technologies)是此类公司的典型。

【专栏7】

## 高智公司

高智公司于2000年成立，总部设于美国华盛顿州贝尔维尤。高智公司在日本、中国、印度、韩国和新加坡设有分支机构，在世界各地拥有550余名员工。高智公司管理着知识产权巨额投资基金。据说，高智公司从其投资者那里筹集了大约50亿美元(Sandhu，2009；Page，2009)。它的投资者主要有两大类：基金的财务投资者(financial investors)和公司战略投资者。财务投资者与其他私募股权投资者(private equity investors)很相似，通过投资获取优先资产组合(portfolio of assets)的股权。公司战略投资者既是部分专利组合被许可人也是资产的相关股权人(equity stakeholders)(Page，2009)。高智公司战略投资者包括诸如微软、索尼、诺基亚、英特尔、谷歌、易趣和SAP在内的大公司。

高智公司的商业模式是利用其可观的基金开发具有宏观性和战略性的专利组合，并向大量有专利需求的公司进行许可。此外，高智公司不仅通过其自身的R&D活动与高校和研究机构开展合作研究，还通过从外部获取专利来开发专利组合。因此，简而言之，高智公司的商业模式兼具知识产权、技术研发许可和知识产权集成许可这两类公司的共同特征。

高智公司筹集到的50亿美元，分别分布在以下三支基金里：第一支基金是历史最久的基金——发明科学基金(ISF，Invention Science Fund I)，是支持发明从无到有的种子投资基金；第二支基金是发明开发基金(Invention Development Fund I，简称IDF)，以知识产权创造和货币化生态系统的全球化延伸为核心，尤其是通过亚洲的技术转移合作计划(tech-transfer partnering programme)进行延伸；第三支基金也是最大的基金——发明投资基金(Invention Investment Fund I & II，简称IIF)，主要专注于向个人发明者和中小企业(Small-Medium Enterprises，简称SMEs)的已有发明进行投资(Page，2009)。

精心策划的专利投资战略对高智公司开发专利组合至关重要。被称为“发明例会”(Invention Sessions)的头脑风暴会议是高智公司用来创建专利组合的战略计划的关键过程之一，通常每月举行几次，由广泛科学和技术领域内的世界级专家开会讨论当前技术领域内各类问题的可能解决方案。通过发明会议上的讨论和从各种分析获取的信息，高智公司创造了技术发展路线图(technology development road maps)，用于识别未来需要什么样的技术，以及未来应该开发什么样的技术。以技术发展路线图为基础，高智公司随后在不同的技术领域确立其专利投资战略(Chesbrough, 2006a, 2006b)。在确立战略投资计划后，高智公司通过向各类创新源头投资以获得有价值的专利来开发专利组合，这些投资包括自身的研发活动、高校或研究机构的研究项目和已有的发明。高智公司表示，它迄今已花费超过1.35亿美元用于自己的发明活动、超过3.15亿美元用于购买个人发明者的发明、大约8.48亿美元收购中小企业的发明资产，以促使这些企业实现发明的商业化(Page, 2009)。

如前所述，高智公司将其巨额基金的一部分，用于自身的R&D活动以期创造出新的有前景的发明，进而开发战略性专利组合。有些发明直接由发明例会产生。每次例会后，公司内部的专利律师团(patent lawyers)将仔细审阅会议讨论记录以发现有前景的创新思想。随后，专利律师团仔细评估所选定的创新思想的市场潜力，对覆盖创新思想的专利进行申请(Chesbrough, 2006a, 2006b)。高智公司也通过其发明实验室实施的内部研究项目，产生可专利化的创新思想。高智公司实验室于2009年5月正式运行。实验室的主要任务是原始创新和对以技术为导向的发明的深入研究。在实验室工作的发明者开展着各种领域的研究项目，从全球健康和生物医疗器械到应对能源和气候挑战的各项研究等(IV, 2009)。截至2009年7月，据说有大约55名资深发明者与专业团队一起在广泛的领域为高智公司开展研究，包括计算机科学、电子工程、物理学和火箭技术等技术领域。这其中，全职研究人员不超过8人，大约25人为大学教授，其他的为顾问或退休人员。在过去的几年中，高智公司每年提交约500项专利申请，到目前已通过其自己的发明创造活动提交了约2000项专利申请(Page，2009)。

内部R&D活动并不是高智公司获得可专利化创新思想的唯一来源。除了对内部R&D活动进行投资，高智公司也寻求外部的投资机会。高智公司广泛探察了包括软件、电子设备、网络、生物技术和医疗器械等技术领域，以发现那些拥有或者可能产生有价值创新思想的投资对象。在高智公司众多获取外部创新思想的战略中，其中之一是与高校和研究机构合作以帮助它们实现自己的知识产权的商业化。通过投资外部知识创新源头，向符合此愿景的大学和研究机构的研究项目进行投资，高智公司有望获得有前景的可专利化的发明。2008年，为构建和壮大亚洲发明者网络，高智公司在新加坡、东京、北京、首尔、班加罗尔设立了办事处，每个办事处拥有约20名专业人员，包括技术人员(technologists)、市场分析人员和知识产权专家(IP experts)。截至2009年7月，高智公司与全球约160所大学开展合作，其中100所大学在美国本土以外。合作的典型例子之一是与印度理工学院孟买学院(Indian Institute of Technology-Bombay，简称IIT-B)于2009年3月签署的谅解备忘录(the Memorandum of Understanding，简称MOU)。此次交易旨在帮助IIT-B拥有的130项专利系统地实现知识产权的货币化。高智公司将向IIT-B支付专利许可费，并承担其专利组合的后期维持费用。如果高智公司在未来的专利许可谈判中成功，它将按比例向发明者回馈利润分红。这是一种非独占的合作伙伴关系。因此，IIT-B还可以与其他人开展专利相关事务(patent-related matters)的合作(Page，2009)。据报道，在韩国，高智公司已成为韩国主要高校大约260项可专利化的创新思想的共同拥有人，这些高校包括韩国首尔国立大学(Seoul National University)和韩国高等科学技术大学(the Korea Advanced Institute of Science and Technology)等。

高智公司也向已有专利投资。在这个阶段，它作为外部专利(external patents)的积极收集者以开发自身专利组合。高智公司试图从包括大公司、大学、破产企业和个人发明者在内的各个创新源头购买专利。例如，参加创业失败的初创型公司的破产拍卖会，购买它们的专利。在过去的几年中，高智公司已经广泛积累各技术领域的超过27 000项专利和专利申请(Page，2009)。高智公司通过战略化地利用其专利组合战略产生收益，如向其专利技术的用户和潜在用户许可其专利组合。高智公司基于非独占方式许可专利，通过专利创造(patent creation)和专利收集(patent collection)产生丰富的专利组合，使它得以在广泛的不同技术领域提供多种多样的打包许可组合(licensing packages)。为实现每个打包许可组合的价值最大化，在进行许可时，打包许可组合中的专利可根据客户的需求进行定制。截至目前，高智公司的许可计划似乎大多与大公司有关。例如，高智公司从威瑞森电信(Verizon Communications Inc.)和思科公司(Cisco Systems Inc.)获得2亿~4亿美元的专利组合投资。不过，梅尔沃德向《华尔街日报》声称，高智公司未来可能与规模较小的公司达成交易，投资金额范围缩小到500万~1000万美元。截至目前，通过战略性许可，高智公司已经向其所有投资者回馈了超过10亿美元的许可费投资回报(Page，2009)。

## 2.4 专利防御联盟/专利共享框架

近年来，获取专利仅仅是为了避免被控侵权的知识产权专业公司已经出现。它们通过获取专利促使与诉讼回避相关的IP战略得以实施，或者抢在有资格的专利实施者主张(指控)之前，帮助公司获得那些可能面临侵权指控的潜在问题专利，或从它们的专利经营计划中剔除(这些专利)以避免高昂成本和侵权损害诉讼(damaging litigation)。

在这样的情况下，出于防御目的有选择地获取专利的知识产权密集型公司正在出现。这些公司包括开源发明网络(Open Invention Network，简称OIN)公司(专栏8)、RPX(Rational Patent Exchange)公司(专栏9)和AST联盟(Allied Security Trust)。这些以知识产权为核心业务的公司获取可能面临攻击性专利实施者(IP enforcers)指控的专利，免费许可给任何愿意分担专利获取费用的成员。

除上述活动外，在某些技术领域中，收集专利并许可给他人免费使用的新举措正在出现，以促进覆盖特定技术领域的所有专利的分享和获取。绿色工程领域的环保专利共享计划(Eco-Patent Commons)(专栏10)和开源软件的专利共享计划(Patent Commons Project)是这一模式的典型。专利共享计划提供包括专利信息的在线数据库，参与专利共享计划的所有公司达成一致，在相互约定的条款和条件下，不向开源社区共享计划中的专利提出侵权指控，开源软件的开发者和用户能够尽情使用已有软件而不必担心专利侵权问题。比如，2004年IBM曾表示，不会使用专利组合对Linux内核提出侵权指控。2005年，IBM承诺向致力于开源软件开发的个人和组织免费分享覆盖500个软件专利的创新思想。诺基亚在2005年宣布，允许Linux内核的深入研发无偿使用它所拥有的专利。此外，Sun微系统公司于2005年发表声明，对任何不支持开放文档格式(Open Document Format，简称ODF)的美国和外国专利不予执行，ODF包括办公室应用软件(Office Applications)的v1.0规范及其任何后续版本。

【专栏8】

### 开源发明网络

开源发明网络(Open Invention Network，简称OIN)成立于2005年，是一家以推动Linux的创新的IP专业(服务)公司。Linux是基于GNU通用公共许可协议和免费开放源代码而开发的计算机免费操作系统，以开源社区的保护而使 Linux 系统免遭专利侵权指控和诉讼。OIN 拥有雄厚的产业背景，它已经得到包括 IBM、NEC、Novell、Philips、Red Hat 和 Sony 等多个集团公司的投资。

开源软件发展已成为重要的创新源头之一。它降低了软件成本并有效地改善软件功能。Linux 的发展尤其为软件业和硬件业的创新作出了巨大贡献。近来，这种创新思想已经被移植到各种各样的类似计划之中，包括维基开源百科全书(Wikipedia)、ThinkCycle 的工业设计以及开源飞机设计等。甚至美国宇航局(NASA)都已经接受了这种想法，请志愿科学家("clickworkers"，拇指工人)为火星上的环形山进行识别和分类(Watson，2008)。

Linux 社区创新的关键之一在于分享软件代码和创新思想的能力。Linux 社区激励创新，因为无论是个人软件开发者还是开发公司都可以源源不断地从共享的代码库中获取代码或为共享代码库的建设奉献代码。这种模式意味着开发者可以集中精力对已有 Linux 代码进行创新而无须从头开始重复开发基础代码。事实上，在 Linux 社区，所有参与者共同分担开发工作，以更低的成本和更少的质量问题创造了更好的软件。因此，鼓励开发人员之间的开放协作对 Linux 系统持续创新至关重要。任何对开发协作和创新思想共享的阻碍将减缓整个 Linux 生态体系的创新。

在这种情况下，OIN正在精炼其知识产权模型，以便与Linux系统相关的重要专利都能够在软件协作开发环境中公开共享。OIN获得了保护Linux系统所涉及的所有软件的相关专利，并使这些专利的所有权人达成共同约定，不向Linux系统进行侵权指控，以便拥有这些专利的公司、个人和机构能够免费使用计划中的所有专利。这样，Linux社区(包括Linux开发人员、分布者和用户)在投入到Linux开发工作和使用Linux时可以减少对知识产权问题的担忧。截至2009年3月，OIN已经积累超过275项专利和专利申请(OIN，2009)。

通过发展和健全Linux开发人员、分布者、经销商、中间转销商和最终用户在内的许可专利组合的网络体系，OIN正在创造一个支持性和防护性的生态体系以确保Linux的进一步开发和应用。

【专栏9】

## RPX公司

总部位于旧金山的RPX(Rational Patent Exchange)公司成立于2008年，是一家专门从事专利收购业务的公司。它主要依靠Kleiner Perkins Caufield & Byers和Charles River Ventures两家风险投资公司的支持。后者也是高智公司的投资者之一，高智公司由微软前高管纳森·梅尔沃德创办(Klee, 2009)。RPX的战略与其他专利基金完全不同，后者获得专利的目的是建立强有力的专利组合并进行许可。RPX购买专利则明确表示既不使用也不起诉任何人。RPX正在做的是构建防御性专利池，封藏那些可能遭致活跃专利实施者侵权指控而必须付出高昂代价的专利。

RPX通过收取年度会员费的方式从大公司筹集资金，会费取决于公司的规模，从3万~500万美元不等。作为回报，成员有权使用任何RPX已经买下的专利。截至目前，14个会员已订购了该服务，包括IBM、思科、松下、飞利浦、LG电子、三星、TiVo、精工爱普生和索尼公司等。RPX成员对于公司购买哪些专利不具有表决权。如果成员企业不喜欢RPX运营专利组合的方式，可以选择不再续签会员资格，但是，即便如此，它们依然保有那些当它们还是会员时购买的专利的许可权。RPX还利用来自风险投资公司的初始融资购买专利。

RPX从各种源头购买专利。例如，RPX从Acacia Research公司购买了数字光盘加密技术的专利许可，这家公司是以购买专利获取收益的行业主导企业之一。这一交易促使松下、三星、LG和飞利浦加入RPX，因为Acacia已经起诉了18家电子制造商，声称它们的蓝光系统侵犯该专利。然而，为了充分挖掘利用所购买专利的价值，RPX自己并不会提出诉讼，它可能在向RPX会员进行许可之后再转售给投资者。在某些情况下，虽然有购买更多许可的选择，但它还是只买下某项专利有限数量的许可，所以它可以确保RPX成员使用该技术，而同时给专利权人留下与他人协商或起诉他人的自由。RPX通过这种方式可有效抑制非会员公司的搭便车(free riding)行为(Hansell，2009)。

RPX购买了价值超过9000万美元的专利，聚焦于用户界面设计或呼叫中心管理这些应用广泛的技术。RPX总是寻找可能或已经被指控的专利。它收购的专利大多来自小型公司、个人发明者和专利经纪人。它也在IP拍卖会上购买专利(Klee，2009)。RPX合理安排专利结构的最大挑战来自应该购买什么样的专利的收购决策。

【专栏10】

## 环保专利共享计划

在促使专利顺畅开发利用的各种方法中，“环保专利共享计划”尤为引人关注。2008年1月，IBM、诺基亚、必能宝(Pitney Bowes)和索尼四家公司会同世界可持续发展工商理事会(The World Business Council for Sustainable Development，简称WBCSD)发起了环保专利共享计划，目的是为了促进益于环保的技术专利的共享和获取。环保专利共享计划通过收集和允许任何人免费使用环保技术专利，促进环保技术发展以帮助全球环境保护(JPO，2008a)。

> 环保专利共享计划组合中的专利，由专利持有人向计划抵押以成为该计划的成员。哪些专利应提交到共享计划，由每家公司自行判定。然而，提交的专利必须有益于环境保护。专利抵押清单由WBCSD的专利检索网络数据库提供。
>
> 任何机构，包括尚未向共享计划抵押专利的非会员机构，都能够方便地获取和使用汇集于共享计划中的发明和解决方案。正如开源软件社区告诉我们的，知识免费共享能够培育创新，因为它允许市场的新参与者进入并使用共享知识去提升相关领域的技术。知识免费共享也将提供一个平台，在这个平台上公司相互实现新的合作和协作以培育联合创新(joint innovation)。
>
> 到目前为止，大约100项专利被IBM、索尼、诺基亚、必能宝、施乐、杜邦、博世、理光和大成建设集团等9家公司抵押。
>
> 如果通过这个计划，能够获得许多有价值的专利组合，这必定是促进环保领域技术创新的解决方案之一。这个计划已经积累了更丰富的、更有价值的专利集合，来使这个体系更加有效。成功的关键问题是它如何才能激励那些持有环保专利的潜在成员愿意向此计划抵押它们的专利。

## 2.5 基于知识产权的融资

有些公司提供如基于IP的融资工具(IP-based financial

instruments)，包括知识产权质押贷款(IP-based collateral)、基于知识产权的投资(IP-based investment)和知识产权证券(IP-securitisation)。通过仔细评估交易方的知识产权的价值和风险，这些公司依据知识产权的价值向它们的交易方提供资金。以下是此类知识产权专业公司正在使用的典型的商业模式。

## 知识产权质押贷款

这些公司通常以贷款形式向知识产权持有人提供融资，而贷款全部或部分由知识产权资产(IP assets)进行质押。这些公司在发起融资交易时将借款人的知识产权资产纳入考虑范围，而不是仅仅关注不动产、股本这些传统资产。

## 发明投资基金

还有一些融资机构从资本市场募集资金，投向有广阔发展前景的发明，尤其是面向未来发展的技术。这些机构向许多尖端技术(cutting-edge technologies)的源头发明者投资，如大学、研究机构、个人发明者和小型初创企业(small start-ups)，作为回报，这些机构获得它们所投资的技术发明的知识产权，目的是捆绑跨越组织边界的与特定技术相关的外围知识产权，从而开发出强有力的专利组合。然后它们通过开发专利许可计划获取收益，这些计划提供打包专利(bundled patents)的一揽子许可。日本创新网络集团(Innovation Network Corporation of Japan，简称 INCJ)(专栏11)和高智公司都采用了这种商业模式。

【专栏11】

## 日本创新网络集团

INCJ成立于2009年7月，是由日本政府和16家私营企业联合投资的投资基金公司。INCJ的宗旨是通过提供资金、技术和管理支持以促进创新、增强企业商业价值。INCJ将投资高端材料、电子、能源、环境、生命科学和机械等领域的创新性企业(INCJ，2009)。

迄今为止，INCJ筹集了905亿日元(约9.6亿美元)，其中来自日本政府820亿日元(约8.7亿美元)，来自16家公司85亿日元(约9000万美元)(见全体投资者名单)。日本政府还将提供高达8000亿日元(约85亿美元)的贷款担保(loan guarantees)，所以，INCJ有约9000亿日元(约96亿美元)的投资能力。

| 全体投资者名单 |
| --- |
| 日本发展银行(Development Bank of Japan Inc.)<br>——创始合伙人 |
| 日本商工中金银行(Shoko Chukin Bank Limited)<br>——创始合伙人 |
| 日本旭化成株式会社(Asahi Kasei Corporation) |

续表

| |
|---|
| 大阪燃气有限公司(Osaka Gas Co. , Ltd. ) |
| 夏普株式会社(Sharp Corporation) |
| 日本石油公司(Nippon Oil Corporation) |
| 住友化学有限公司(Sumitomo Chemical Co. , Ltd. ) |
| 住友商事株式会社(Sumitomo Corporation) |
| 住友电气工业有限公司(Sumitomo Electric Industries, Ltd. ) |
| 武田药品工业株式会社(Takeda Pharmaceutical Company Limited) |
| 东京电力株式会社(Tokyo Electric Power Company, Inc. ) |
| 日挥株式会社(JGC Corporation) |
| 松下电器产业株式会社(Panasonic Corporation) |
| 日立有限公司(Hitachi, Ltd. ) |
| 三菱东京UFJ银行有限公司(The Bank of Tokyo-Mitsubishi UFJ, Ltd. ) |
| 通用电气公司(General Electric Company, Japan) |

资料来源:INCJ,2009.

其中部分资金将用于收购属于大学、机构和公司的有前景的技术和知识产权资产。在这个交易中，比如，INCJ将投资于类似知识产权基金"(IP Funds)"这样开发和管理特定专利组合的公司，通过广泛许可专利组合，以鼓励专利所保护技术的传播。

知识产权基金从不同源头收集与有前景技术的相关专利，包括大学和研究机构，向它们提供资金或在必要情况下提供知识产权战略构建支持和专利组合开发等服务。然后，基金通过专利组合的向外许可产生收益，许可给希望实现专利技术商业化或展开深入研究的公司。

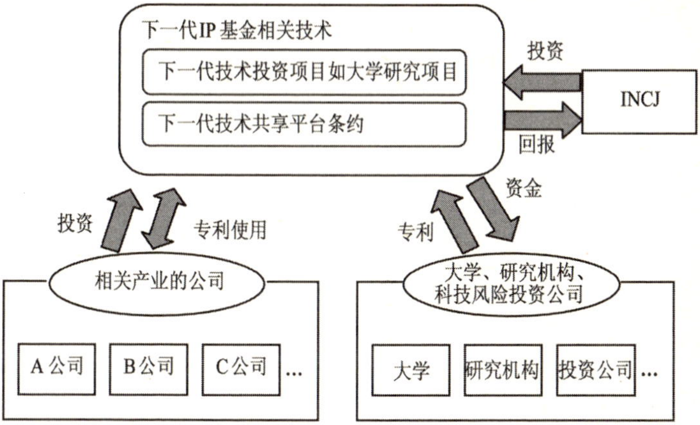


通过这种方式，INCJ超越现有的组织结构边界，培育技术的流通和共享以推动创新。

这些业务都刚刚兴起，现在来分析这种商业模式对创新所产生影响还为时尚早。然而，这种商业模式的基本概念——“跨越现有组织结构的边界组合知识，创造创新性技术(innovative technologies)和业务新领域”，为技术和知识产权资产在开放的新领域大放光彩打开了一扇门，虽然这些技术和知识产权资产有发展潜力，但在当前持有人的有限业务范围内，却仍然还在沉睡。此外，它们收集补充性的外围知识产权(complementary pieces of IPRs)、提供知识产权一站式的购买服务以利于知识的扩散和技术的传播。

## 知识产权结构融资

这种类型的公司向知识产权持有人提供融资以获取它们能产生收益的知识产权，如专利权和现有的特许使用权益(royalty interest)。这些公司通过提供知识产权的结构性融资(structured financing of IP)的资金，使知识产权持有人以能产生收益的知识产权未来现金流换取当前的现金流。

到目前为止，许多基于知识产权的结构性融资协议在生命科学产业发挥重要作用。这种市场出现在19世纪90年代早期，现在仍然被少数许可费基金控制，包括皇家药业公司(Royalty Pharma)(专栏12)、DRI资本、考恩医疗许可费合伙公司(Cowen Healthcare Royalty Partners)(Yurkerwich，2008)。例如，DRI资本是一个投资管理公司，专注于投资医疗保健行业的专利特许使用权(royalty streams)，它管理的基金超过 10 亿美元。DRI 资本的货币化基金从公司、研究机构和个人发明者那里获得已有的专利特许使用权。已经从商业化的产品中获得了超过 8.5 亿美元的专利特许使用权(DRI Capital，2008)。

除了生命科学行业，专利权的结构化销售并不常见。然而，像 alseT IP 和专利融资咨询公司(Patent Finance Consulting)(专栏 13)不仅在生命科学领域，还在多个其他技术领域提供基于知识产权的结构性融资服务。

【专栏 12】

### 皇家医药公司

皇家医药公司，成立于 1996 年，是致力于获得能产生收益(revenue-producing)的知识产权——主要为进入市场化后期阶段(late-stage)生物制药产品的特许使用权益(royalty interests)的公司。皇家医药公司并不找寻、开发、生产和销售产品。相反，该公司提供资金给那些拥有能产生收益的知识产权持有人，包括高校、科研机构、发明者和生命科学公司，以交换它们的特许使用权益。

自 1996 年基金成立以来，该公司已收购各种专利特许使用权，包括以 7 亿美元从西北大学(Northwestern University)收购的普瑞巴林®(Lyrica®)专利，6.5 亿美元从纽约大学(New York University)购买的英利昔单抗®

(Remicade®)专利，在获得剑桥抗体技术(Cambridge Antibody Technology)之后以7亿美元购买阿斯利康公司(AstraZeneca plc)的阿达木单抗®(Humira®)专利。它还联合埃默里大学(Emory University)的吉利德科学公司(Gilead Sciences)共同出资5.25亿美元，获得了纪念斯隆-凯特琳癌症中心(Memorial Sloan-Kettering Cancer Center，简称MSKCC)的非格司亭®(Neupogen®)和聚乙二醇非格司亭®(Neulasta®)。在美国和全球约80%的特许使用权益中，其中它出资4亿美元。

目前皇家医药公司对几个生物医药产品拥有一个多样化的特许使用权益组合，包括雅培(Abbott)公司的阿达木单抗®(Abbott's Humira®)，强生/Centocor公司的英利昔单抗®(Remicade®)，辉瑞(Pfizer)公司的普瑞巴林®(Lyrica®)，安进(Amgen)公司的非格司亭®(Neupogen®)和聚乙二醇非格司亭®(Neulasta®)，基因技术公司(Genentech)的利妥昔单抗®(Rituxan®)，吉利德(Gilead)公司的恩曲他滨®(Emtriva®)，特鲁瓦达®(Truvada®)和复方制剂®(Atripla®)，以及塞尔基因公司(Celgene)的沙利度胺®(Thalomid®)。

由于现有产品特许权使用费收益的不断增长，加之不断获得额外的特许权使用费(royalties)，皇家医药公司所拥有的特许使用权益组合(royalty-interests portfolios)产生的特许权使用费收益总额在逐年增长。

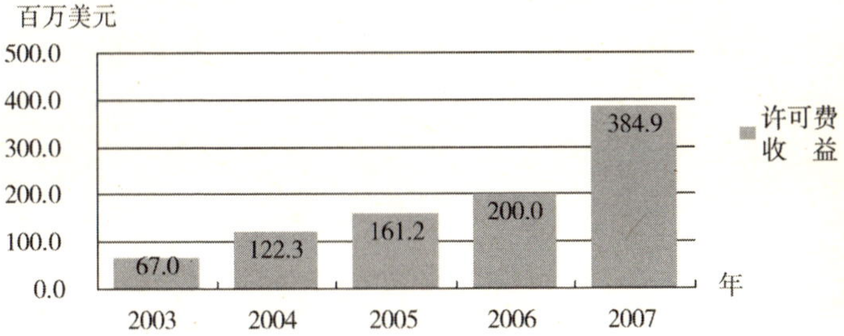

皇家医药公司的许可费收益

资料来源：皇家医药公司，2009a.

皇家医药公司的技术交易案例

1984 年 8 月，安进公司（Amgen Corporation）和 MSKCC 发起了一个探索性的合作研究项目。作为合作的成果，MSKCC 对该项目的参与保证它获得使用任何已经开发的发明和技术许可的谈判机会。18 个月后，MSKCC 和安进公司达成了一个使用非格司亭®(Neupogen®)和聚乙二醇非格司亭®（Neulasta®）专利技术（patented technologies）许可协议，为 MSKCC 的这些产品带来了特许使用权。

2004 年 1 月，皇室医药公司收购了 MSKCC 的非格司亭®(Neupogen®)和聚乙二醇非格司亭®(Neulasta®)在美国的部分特许权使用费收益。这次交易涉及一笔现金预付款(upfront cash payment)、皇家医药公司的普通股权

(equity)以及皇家医药年销售总量超过约定的额外追加付款。本次交易，MSKCC仅仅卖出一部分特许使用权益却仍保有该产品的主要权益，在实质上实现了自身资产的多元化。

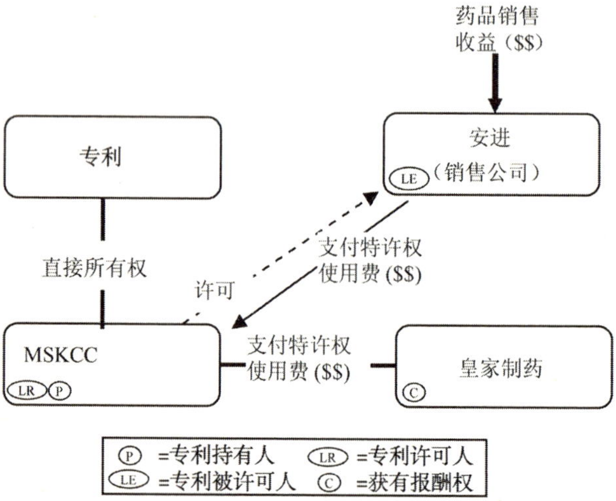


资料来源：皇家医药公司，2009b.

## 【专栏13】

### 专利融资咨询公司

专利融资咨询(Patent Finance Consulting)公司总部位于东京，提供IP结构性融资计划是其丰富的IP的服务项目之一。专利融资咨询公司管理一个100亿日元(约1100万美元)的基金——“九州技术发展投资基金”。经由这个基金，专利融资咨询公司向具有竞争力的技术和专利所在的公司投资，以帮助它们实现有价值技术的商业化。在这项交易中，知识产权持有人向特别目标公司(Special Purpose Company，简称SPC)转移其R&D项目和相关的知识产权，目的是将知识产权从原始持有人的全部资产中剥离出来，以避免持有人的破产风险。为了支持这个计划所开发产品的商业化，专利融资咨询公司从SPC的投资者筹集资金，并用这些资金进行投资。到目前为止，专利融资咨询公司已经通过知识产权结构化融资计划向4个项目进行了投资。

交易案例：夹娃娃机(Robo-catcher)商业计划

专利融资咨询公司成立了一家SPC以实现由MechaTracks公司开发的夹娃娃机的商业化。

MechaTracks公司将夹娃娃机项目的核心技术(technical seeds)和相关的知识产权，如专利、商标、产品开发权、分销权转让给了SPC。专利融资咨询公司管理的九州技术发展投资基金，向SPC投入了总额为1亿日元(约100万美元)的资金，鼓励通过Robo-catcher项目的进一步开发，以实现产品的商业化。MechaTracks公司和九州技术发展投资基金将按照SPC的资金分配展开计划。

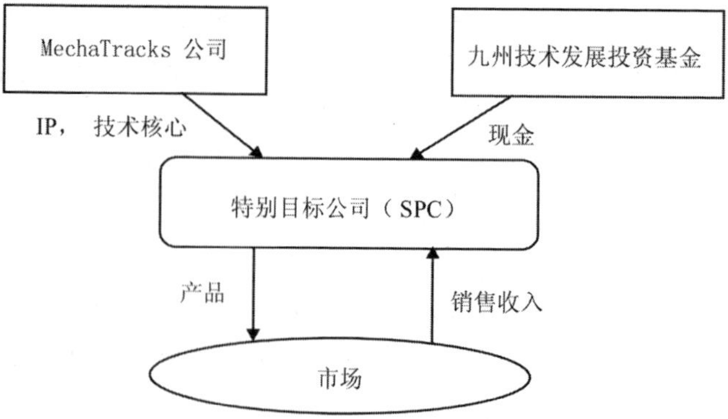


资料来源：JPO，2008.

通过提供基于知识产权的融资解决方案，这些知识产权专业公司可以帮助企业持有有价值的知识产权，虽然这些知识产权未来可能带来的收益并不能满足企业的近期融资需求。知识产权持有人可以向知识产权专业公司卖出知识产权或部分知识产权，如专利和未来的许可费，作为交换，它们从知识产权专业公司那里得到这些产权的现金预付款(upfront payment)。随后，知识产权持有人把这部分资金再向产品线(product lines)投资、开发新产品或为公司其他的战略行动(strategic initiatives)提供资金。因此，这种以知识产权为中心的融资模式(IP-centric financing model)有望支持那些创新型公司，它们虽然拥有大量的有前景的知识产权但却没有足够资本进一步向深入研发的 R&D 活动进行投资。

## 知识产权密集型企业的投资

这些机构，从投资者筹集资金，向那些拥有这样有价值知识产权的公司贷款，其知识产权包括专利、商标和版权，知识产权持有人以此向其他方的知识产权进行侵权指控或发起许可计划。这些机构的目标是获得借款人通过知识产权开发利用活动（IPR-exploitation activities）取得的融资利益，知识产权开发利用活动包括专利侵权诉讼和专利许可。通常这些机构还提供知识产权咨询服务（IP consulting services），这样它们的客户就可以实现知识产权的战略性管理和知识产权组合的价值最大化。这类公司的主要代表包括：Altitude 资本合伙公司（Altitude Capital Partners）（专栏14）、NW 专利基金公司（NW Patent Funding）、IgniteIP 公司、Coller IP 资本公司（Coller IP Capital）。

【专栏 14】

**Altitude 资本合伙公司**

Altitude 资本合伙公司（Altitude Capital Partners）于2005年成立于纽约，是一家私人股本基金管理公司，专注于向拥有强有力的知识产权组合的公司进行投资，目前已集中投资2.5亿美元。Altitude 资本合伙公司的投资者包括众多的对冲基金（hedge funds）和其他机构投资者。

自从该基金2005年成立以来，Altitude资本合伙公司已经完成超过16项交易。它投资的知识产权组合已经覆盖如电子商务、高速数据通信、网络安全和半导体芯片设计等技术领域。

Altitude资本合伙公司的其中一项交易案例是对Deep Nines的投资。Deep Nines成立于2000年，总部在德克萨斯州达拉斯，以提供网络安全解决方案为主要业务。Altitude资本合伙公司向Deep Nines投资800万美元。随后Deep Nines起诉McAfee。Deep Nines在一个系统中整合了几个不同类型的网络安全功能集合，能够更有效地防止进入计算机网络的恶意访问流量(malicious traffic)。所获得的投资使Deep Nines能够加强其销售、市场、R&D和专利货币化(patent monetisation)。同时，根据协议的条款，Altitude资本合伙公司不仅有权获得Deep Nines的股本收益，还可以得到Deep Nines从知识产权货币化计划(IP monetisation programmes)中筹集到的资金，知识产权货币化计划包括知识产权特许权协议和知识产权侵权诉讼(Altitude Capital Partners，2007)。2006年，Deep Nines起诉McAfee，状告McAfee侵犯其一项专利，专利涉及防火墙攻击监测(Seyfer，2007)。2008年7月5日，美国德克萨斯州东区联邦地方法院发现McAfee入侵防护软件的一些应用程序侵犯了Deep Nines的专利，判定其对已造成和即将造成的损害支付1800万美元的赔偿金。2008年7月29日，Deep Nines和McAfee达成了一个2500万美元的和解协议，解决了其专利诉讼纠纷(patent litigation matters)。作为协议的一部分，McAfee获得特定的非专属权(non-exclusive rights)，并且双方对所有相关的权利要求放弃相互的索赔(McAfee, 2009)。

Altitude资本合伙公司的另外一个案例是向Visto投资。Visto以移动电子邮件软件为主要产品。2007年，Altitude资本合伙公司投资3500万美元获得Visto 8%的5年期可转换优先股(convertible preferred stock)(Barron, 2008)。Visto起诉了包括微软、黑莓机制造商(Research In Motion，简称RIM)在内的几家公司，状告它们侵犯其服务器和移动设备间的信息同步专利(Vardi, 2007)。Visto于2005年12月在美国德克萨斯州东区联邦地方法院起诉微软违反从互联网向无线设备自动推送电子邮件的三项专利技术。Visto在2008年和微软达成和解，双方并未透露和解的相关细节。然而，Visto在一份新闻稿中声称，它已经与微软达成一个涉及现金和非现金的许可协议。至于RIM，Visto于2006年在美国德克萨斯州东区联邦地方法院第一次起诉RIM专利侵权。2009年7月，RIM和Visto宣布它们已经达成了协议，解决两公司之间的所有专利纠纷。根据双方的联合新闻发布会，和解协议的关键条款包括：RIM获得Visto所有专利的永久完全支付许可权(perpetual and fully-paid licence)；Visto转让部分特定的知识产权；RIM一次性支付2.675亿美元；为了消除在世界范围内悬而未决的知识产权侵权诉讼，双方当事人完全放弃相互追溯权。

最值得注意的是，Altitude 资本合伙公司还向 MercExchange 投资 625 万美元，MercExchange 对 eBay 提起的诉讼导致美国最高法院出台在合适时机向侵权者实施禁令的裁定规则（Seyfer，2007）。2001 年，MercExchange 起诉 eBay 允许买家不经过出价过程购买物品的线上拍卖界面侵犯了其三项专利权。此案于 2006 年发回给下级法院——维吉尼亚州东部最高法院审理。2007 年，法院裁定，在此争端中，作为损害赔偿的一部分，eBay 必须向 MercExchange 支付大约 3000 万美元。2008 年，MercExchange 和 eBay 宣布它们已经同意和解。eBay 在其一份新闻稿中声称，作为和解协议的一部分，它将购买涉及诉讼的所有三项专利，以及一些其他的相关技术、发明和一个在此次诉讼中没有提出指控的与搜索技术相关的专利组合（eBay，2008）。

通过提供实施知识产权开发利用（IP exploitation）活动的融资支持和专业团队，这些业务帮助那些希望从知识产权中获取收益但不具备管理知识产权实施计划能力的企业从战略上强化知识产权。然而，对此类知识产权专业公司的行为，也有观点认为它可能激发不必要的专利侵权纠纷（patent infringement disputes）并阻止技术创新。

# 3　公共组织培育知识产权市场的相关活动

鉴于知识产权市场对于推动技术和创新思想扩散所发挥的重要作用，许多国家的政府和公共组织为培育知识产权市场都设立了大量的发展计划。这些计划丰富多样，包括：组织针对知识产权开发利用（exploitation of IP）的讲习班和研讨会、制定知识产权许可指南、修订相关立法，以及构建可许可专利（licensable patents）数据库。

这些计划对于促进知识产权市场的发展有效程度虽然很难量化识别，但它们已为改善知识产权市场的发展环境作出了重要贡献。例如，日本一家公共机构——国家工业产权信息和培训中心（National Center for Industrial Property Information and Training，简称 INPIT）（专栏 15）设立的专利许可顾问计划（patent licensing advisor programme），自它从 1997 年设立以来，已完成了12 000余项知识产权相关的许可交易。因此，公共部门在知识产权市场的发展中扮演了同样重要的角色。以下是这类计划的一些实例。

## 3.1 可许可发明的信息提供

公共部门应确保可许可发明信息的公开披露，以促进知识的扩散。为促使专利许可活动的提升，一些政府机构和公共机构正在开发和提供可许可专利的数据库，允许任何人方便地获得各类机构的可许可专利信息，这些机构包括中小企业、大学和研究机构。例如，欧盟委员会（the European Commision，简称 EC）创建了社区研究和发展信息服务（Community Research and Development Information Service，简称 CORDIS）计划，该计划向用户提供欧盟 R&D 项目和可转化技术的信息。在德国，激励德国经济界技术创新项目（INSTI）由 39 个私人和公共的区域性机构组成，提供基于互联网连接技术买家和卖家在线服务，被称为“创新市场”。德国专利和商标局（The German Patent and Trade Mark Office，简称 DPMA）通过其在线数据库提供可许可专利的信息。英国知识产权局（The Intellectual Property Office in the United Kingdom，简称 UKIPO）也提供包含可许可专利信息的在线数据库。在日本，INPIT 提供可许可专利的在线数据库，任何人都可以免费获得包括专利持有人身份、专利授权号（patent grant number）、专利许可条款（terms of licensing）等可许可专利相关信息。截至 2009 年 8 月，该数据库已存储大约45 500个可许可专利。2009 年 4 月，INPIT 也开始提供与生命科学研究工具（research tools in life science）相关的可许可专利信息的新数据库。

## 3.2 知识产权买卖配对服务

除了提供可许可发明的信息以外，许多政府还采取了其他的行动积极促进知识扩散。有一些公共机构提供技术买卖双方的配对服务。例如，欧盟委员会于1995年创立了创新驿站（Network of Innovation Relay Centres，简称IRC Network）。通过网络系统与CORDIS技术市场合作，提供技术买卖双方的匹配服务，并为创新活动、知识产权、许可与协商提供建议。创新驿站目前是欧洲企业联盟网络（Enterprise Europe Network）的重要组成部分，由40个国家的近600个组织构成。欧洲企业联盟网络和创新驿站一样为企业提供创新与技术合作服务。在美国，1989年由国会设立的国家技术转移中心（The National Technology Transfer Center，简称NTTC），提供联邦政府资助的包括技术和市场评价、技术营销、知识产权管理支持、技术转移培训以及寻找战略合作伙伴等各项服务。迄今为止，NTTC已经向近7000名专业人员开展了450多种技术转移课程的培训。在日本，INPIT除提供可许可专利数据库，还向技术买方和发明卖方提供牵线搭桥的配对服务。其中一项就是专利许可顾问派遣计划。INPIT在全日本派遣了大约100个专利许可顾问（Patent Licensing Advisors）以支持企业、大学和研究机构的专利许可活动，这些顾问都是知识产权和技术转移方面的专家。自该计划于1997年设立以来，已完成12 000余项知识产权转移交易。

## 3.3 许可指南的发展

拥有独创技术且无法替代的基本发明专利总是被持有人独占以阻止有意愿的后续发明者继续向 R&D 活动投资来创造有益于社会的应用发明。因此，如果专利权人拥有涵盖基础技术发明且对后续研究至关重要的专利，但他不允许其他人在合理条件下获得专利技术，那么，这个领域的技术创新则将受到阻碍，社会公共利益也会受到严重影响。为了应对这个问题，公共部门制定了与社会公共利益紧密相关的那些技术领域的专利许可指南，以促进专利技术扩散从而激发在这些领域的更深入研究。例如，OECD 委员会在 2006 年所采用的《基因技术发明许可指南》（*Guidelines for the Licensing of Genetic Inventions*），就是为了人类公共健康的目的，对基因技术发明的许可基本原则和实践操作规范的主要纲要进行了规定。该指南也被应用于这些技术发明的相关知识产权的许可。1999 年，美国国立卫生研究院（the National Institutes of Health，简称 NIH）为了确保由 NIH 基金资助的发明技术的扩散，发布了（许可）指南。2007 年，日本科学和技术政策委员会（The Council for Science and Technology Policy）为了促使生命科学领域的（基因组）研究工具专利的利用，也发布了许可指南。NIH 和 INPIT 还开发了一个数据库，将那些由大学、研究机构和企业拥有的生命科学研究工具相关的知识产权信息公布出来。例如，INPIT 开发的数据库，包括了研究工具专利相关的信息：专利权人及类别、专利公开（告）号（issued number）、许可条款等。这些举措可规范并提升专利许可活动，为重要创新专利的获取和开发利用带来便利。

## 3.4 厘清专利许可活动规则

公共部门制定的对企业知识产权转移有影响的实施政策一旦被厘清，就有利于专利和技术的扩散，如美国司法部对 MPEG-2 的审查信件成为其他专利池的未来开发与建构标准。因此，为了促成专利和技术许可，政府采取了一些措施来厘清可能影响企业知识产权交易活动的规则。例如，为了普及知识产权中介机构的竞争性理念、帮助判断竞争性中介机构是否存在反竞争行为，美国联邦贸易委员会和司法部于 1995 年颁布《知识产权许可的反垄断指南》(*Antitrust Guidelines for the Licensing of Intellectual Property*)，于 2007 年颁布《反垄断执法与知识产权：促进创新和竞争》(*Antitrust Enforcement and Intellectual Property Right: Promoting Innovation and Competition*)。在欧盟，作为竞争法的一系列更为广泛的改革体系的一部分，新的技术转移整体豁免规则(block exemption regulation)与专利许可、技术秘密以及软件版权管制的安全港规则(safe harbour rule)，于 2004 年 5 月开始生效，它们将有效提升欧盟竞争法的法律确定性(legal certainty)(OECD，2006)。日本公平贸易委员会(The Japan Fair Trade Commission)于 2005 年颁布了《技术标准与专利分配指南》(*Guidelines on Standardization and Patent*

*Arrangements*)，对竞争政策中影响技术标准的专利池相关的热点问题予以厘清。日本公平贸易委员会于2007年颁布了《知识产权利用反垄断法指南》(*Guidelines for the Use of Intellectual Property under the Antimonopoly Act*)，目的在于通过界定强制执行政策来促进知识产权相关的交易形成。

近年来，有些公共部门运用各项专利政策杠杆，包括与诉讼可获补偿(如禁止未来侵权的永久禁令)相关的政策、与专利运用(exercise of patents)相关的政策，以维护知识产权市场、引导其向有利于社会公共利益的方向良性成长。一项专利侵权损害赔偿案件中各方对法院可能裁决结果的评价将对专利的价值、许可或转移行为带来重大影响，可能严重影响专利、许可及转让的价值。例如，2006年由美国联邦最高法院裁决的eBay v. MercExchange案，规定地方法院不再以专利有效以及侵权成立就自动颁发永久禁令以防止未来进一步侵权，而应将传统的公平原则纳入考虑范围。在广达电脑公司(Quanta Computer Inc.)和LG电子公司专利纠纷案中，美国联邦最高法院就确定了专利权用尽原则(the exhaustion doctrine)，即使专利许可的初衷是限制转移到专利所覆盖产品的后续购买者。2007年5月，日本经济产业省(The Ministry of Economy Trade and Industry，简称METI)修订了《电子商务和信息产权交易解释指南》(*Interpretive Guidelines on Electronic Commerce and Information Property Trading*)，在其中声明由《日本民法典》所规定的“权利滥用”(abuse of right)原则可能被应用于软件专利权，而这种专利权利运用很可能偏离专利法的本质，如压制创新(METI, 2007)。

强度过弱的专利很可能阻止R&D的商务投资，因为对于一个模仿者而言，拉低发明者产品的市场价格太容易了。弱专利还助长了专利权人自我封闭从而阻碍知识和技术的扩散。相反地，强度过高的专利也为专利权人的反创新行为大开方便之门，因为强专利的持有人可以利用由其他公司开创市场的持有专利作为获取不当利益的工具而不是以之生产和销售产品。对于这些专利持有人而言，专利被侵权(violation of patents)能够作为向侵权企业索取高额赔偿金的谈判筹码，因为侵权企业有遭至侵权禁令和严重的侵权损害赔偿的威胁但又想要获取使用专利的合法许可。所以，对专利权人的过度保护和保护不足都会损害技术创新。因此，营造一个均衡恰当的专利实施体系(patent enforcement system)是知识产权市场有效发展和知识产权顺畅循环的关键。

## 3.5　专利许可的财政激励

阐明了竞争政策中那些影响技术标准的专利池相关的热点问题，某些国家还对专利许可采用了特别的财政激励政策。例如，英国知识产权局(the Intellectual Property Office in the United Kingdom，简称UKIPO)设立了“权利许可计划”(License-of-right programme)项目来促进专利的开发利用。该计划给予专利权人50%的专利权续展费减免，作为交换，专利权人要向需要此专利的任何人发放非排他性许可。德国专利和商标局也设立了相似的财政激励计划，该计划对任何愿意将专利许可给他人的专利权人，给予50%的专利续展费减免。此外，UKIPO 和 DPMA 通过在线数据库提供这些可许可专利的信息，方便任何人找到这些专利。

另外，很多国家运用它们的税收体系激励专利申请和许可。其中一种方式就是专利许可费的税收减免。通常，欧洲国家、北美和东亚对专利许可费收入有着相似的税法：许可费收入被视为应纳税所得(taxable income)，按现行企业所得税税率征税；与专利相关的支出，如购买专利和支付专利许可费的费用可从企业应纳税所得中扣减从而免税(OECD，2006)。而另外一些国家为专利相关收入采取特别的激励政策。对 R&D 活动产生的专利，爱尔兰政府对其许可费收入实行一整套税收减免政策。瑞士、匈牙利和韩国对专利相关所得的税收提供部分减免(一般为50%)政策。法国在一定条件下对专利相关的资本收益税(capital gains tax)实行减免(Warda，2006)。

## 3.6 全球专利质量的提升

在当今开放式创新的时代，专利不仅可以防止其他人滥用专利化的技术，而且对于知识和技术的扩散也发挥重要作用。即专利是促使知识和技术循环的载体。因此，确保专利质量、加强技术交易信用是促进知识和技术扩散的关键。政府部门正在为专利质量提升作出努力以达到这个要求。例如，美国专利与商标局(the United States Patent and Trademark Office，简称 USPTO)发布了《2007—2012 年战略规划》，目的在于提升专利质量和精简流程（USPTO，2007）。日本专利局发布《提升创新的知识产权新政》（*New Intellectual Property Policy for Pro-Innovation*），详述了提升专利质量的重要性（EC，2007；EC，2008）。欧盟委员会出版了通信报告，也在其中描述了提升专利质量的重要性。

另外，为了减少专利审查工作负担和提升公开（告）专利的质量，各国专利局在专利审查上展开了积极的合作。例如，包括 USPTO、JPO、EPO、KIPO、UKIPO 和 GPTO 在内的几个主要国家的专利局，正在开展“专利审查高速公路计划”（Patent Prosecution Highway Programme）的专利实质审查（substantial examination）合作。“专利审查高速公路计划”通过加强专利局之间专利实审信息的共享，加快了高质量专利的审查进度。而且，不同技术领域的专利审查实践比较研究已经展开，以提升跨国专利局的审查实践并提高公开（告）专利的质量。国际上不同国家专利局的合作活动对提升专利质量尤为重要。因此，不同国家专利局应加强专利审查合作具体框架的制定。

2007—2009 年，USPTO 联合纽约法学院（the New York Law School）信息法律和政策研究所（Institute for Information Law and Policy）实施了“透视专利试点项目”（Peer-to-Patent Pilot Project）。“透视专利试点项目”通过一个在线系统让公众对 USPTO 的待审批专利申请提出相关的现有技术（prior art）和权利要求评判。在为期两年的试行期间，2600 余人注册成为公众审查员，73 位申请人的 180 多项专利申请公开放在公众审查网站上接受公众审查。自从该项目启动以来，

USPTO 发布了 66 份经过公众审查的专利局审查决定书(office actions)。总而言之，USPTO 采用“透视专利试点项目”中的现有技术参考，驳回了 18 项专利申请的一项或多项权利要求(纽约法学院专利创新中心，2009)。根据第二年年末的调查结果，在 18 份专利局审查决定书中有 8 项专利申请的现有技术并未被 USPTO 的审查员发现。一半以上的 USPTO 专利审查员认为由“透视专利试点项目”提交的现有技术对审查有帮助作用。日本 JPO 也于 2008 年开展了“透视专利试点项目”。在该试点项目中，16 家公司的 39 项专利申请公布在项目网站上，250 多人注册成为公众审查员，针对 38 项专利申请的 137 项现有技术文档被提交，其中 120 项提交到 JPO。从 2009 年 4 月开始，13 项申请的专利局审查决定书中引用了公众审查项目提出的 19 项现有技术。

## 3.7 专利流通/共享平台的发展

政府部门鼓励专利流通、分享平台的建设，通过这种平台，任何机构都可以获取并分享有前景的专利技术，促进知识扩散从而提升技术创新。如上所述，日本政府和 16 家企业联合创建了 INCJ，主要关注创新性产业和技术的投资。INCJ 将其一部分基金投资于类似于知识产权基金的机构以获取有前景的专利并开发强有力的专利组合。这些知识产权基金从大学、研究机构和企业收集专利，然后，向这些专利技术的需求方广泛许可以促使专利技术的扩散。日本政府期望通过这个途径来促使跨组织的技术流通与分享。

【专栏15】

## 日本国家工业产权信息和培训中心

日本国家工业产权信息和培训中心(INPIT)是2001年成立的独立行政机构，它提供各种与IP相关的服务，范围包括提供丰富的工业产权信息、培训与IP相关人才。此外，INPIT为专利许可提升、专利许可市场建构提供丰富的支持服务。

日本专利局于1997年启动了“专利许可激励度量计划”(Measurement for Encouraging Patent Licensing)，该计划促进大学、研究机构和私营企业的可许可专利的充分利用，从而为中小企业和风险投资公司的新兴业务发展营造良好的发展环境。2001年，INPIT从JPO那里接管了该项目。2008财年，日本政府为这个项目拨付了约2.8亿日元(约合3000万美元)。该项目包括了许多旨在激发专利许可活动的措施，如向当地政府管理的知识产权中心和技术许可办公司派遣专利许可顾问、提供专利许可数据库、培育专利许可业务的支持活动等。专利许可顾问计划框架、专利许可数据库计划和培育专利许可业务的主要支持活动如下:

### 派遣专利许可顾问

应当地政府和大学技术转移办公室(TLOs)的要求，INPIT向当地政府的知识产权中心派遣了专利许可顾问，以支持当地的中小企业、大学和研究机构的专利许可交易活动。专利许可顾问都是在知识产权和技术转移方面具备丰富知识与经验的知识产权专家，拥有在企业的知识产权部门或许可部门的长期工作经验。专利许可顾问通过实地拜访当地企业、大学和研究机构搜集企业、大学和研究机构拥有的可许可专利的信息，以及企业在外部技术和专利需求方面的信息。随后，它们力图将潜在被许可人和潜在许可人进行匹配，潜在被许可人希望获取特定外部技术以促进产业成长，潜在许可人拥有可以满足其需求的可许可专利。如上所述，专利许可顾问计划自 1997 年开始到现在，已完成12 000余项知识产权相关的许可交易。据 INPIT 的资料，截至 2007 年年底，这项计划的经济影响估计已超过了2 670亿日元(约合 28 亿美元)(JPO，2008b)。

提供可许可专利数据库

为了促进专利许可活动，INPIT 提供包含由公司、大学和研究机构拥有的可许可的日本专利信息。任何打算将专利向外许可的专利权人，只需要通过互联网，就可以在专利许可数据库中免费注册可许可专利信息。可许可专利信息包括专利号、许可条款、联系地址等。被许可人可通过可许可专利数据库提供的互联网查询界面，免费获得可许可专利的信息。截至 2009 年 8 月，可许可专利数据库储存了大约45 500条可许可的日本专利信息(大约19 000项可许可专利来自于企业、大约2 100项可许可专利来自于个人发明者、大约24 400项可许可专利来自于大学和研究机构)。

### 培育专利许可交易的支持服务

为了培育技术转移交易活动，包括专利许可交易，INPIT 组织了一系列以知识产权交易和知识产权转移交易为主题的研讨会和座谈会，并主持专利交易市场(the Patent Business Market)，通过这个市场，中小企业和大学技术转移办公室(TLOs)可以详细地阐述它们的专利技术细节和交易计划，从而对许可、业务联盟及投资进行邀约。另外，INPIT 组织了国际专利许可研讨会(International Patent Licensing Seminars)来为那些在日本和其他国家从事技术转移或者知识产权转移的从业者提供信息分享和发展人际关系的机会。此外，INPIT 通过其网站收集和传递技术转移公司名录(Technology Transfer Company Directory)，目的是为那些需要技术和 IP 转移专家帮助的机构找到合适的合作伙伴，以获得与自身商务战略相匹配的支持服务。

### 提供研究工具专利数据库

2009 年 4 月，INPIT 开始提供研究工具专利数据库，提供大学、研究机构和私营企业所拥有的可许可研究工具专利的信息，旨在促进涵盖基础技术的研究工具专利的扩散，以提升研究活动。根据日本科学和技术政策理事会(Council for Science and Technology Policy)于2007年出版的《促进生命科学研究工具专利的利用指南》(*Guidelines for Facilitating the Use of Research Tool Patents in the Life Sciences*),对专利研究工具的定义是:开展生命科学领域的研究作为工具的产品或方法并获得授权的日本专利,例如,动植物试验专利、细胞系专利、单克隆抗体专利和筛选方法专利。研究工具专利数据库储存并公开已注册的可许可的研究工具专利各方面的信息,例如专利权人名称与类别、公开(告)专利号、许可条款等。截至2009年8月,该数据库允许任何人免费通过网络获取850多项研究工具专利的信息。

# 4 新兴知识产权市场的挑战

在当前这个开放创新的时代，加强知识产权，尤其是专利的顺畅流动对提升整个社会的创新至关重要，如前所述，无论是政府公共部门还是私有知识产权专业公司都在促进知识和技术的扩散中发挥了重要作用。特别要指出的是，知识产权专业公司的活动所起的作用将越来越重要。

例如，知识产权经纪和知识产权咨询公司通过提供有价值的潜在交易信息，能够促使由专利保护的知识和技术的循环流动(Benassi and Di Minin，2009)。它们通过专利组合开发支持、许可支持和法律援助(legal assistance)等服务来帮助客户实现专利的开发利用。其中一种商业模式诸如知识产权基金经理通过向客户的知识产权提供资金支持，进而鼓励客户将有价值的技术商业化、深入研发创新性技术或启动许可计划。需要特别指出的是，还有一种商业模式运营发明创造投资基金，将从资本市场募集的资金投向面向未来的技术和交叉学科的领域的 R&D 活动，作为回报，这些活动产生了新的专利，不仅为科学技术的新突破作出重要贡献，而且通过知识产权许可计划促进知识和技术的扩散。还有一种商业模式称为专利池管理者，这种方式能够使有意向的被许可人通过一次专利交易获得由多个专利权人持有的多个专利，而这些专利都是实施某一特定技术所必不可少的核心专利，如ICT领域的大多数产品都由涉及多个专利技术的多种元件构成。以专利拍卖这种商业模式对增强交易过程的透明度、增强专利市场价值的可预测性，并且促使专利交易实现具有重要贡献。因此，知识产权专业公司对知识和技术的扩散所起的作用越来越关键。

然而，与此同时，知识产权市场的演变和知识产权专业公司的活动同样给社会带来了一些重大挑战，尤其对创新型企业和政策制定者而言。有种观点认为某些以知识产权为中心的市场参与者的活动有可能对创新带来负面影响，比如那些将专利仅仅作为许可或侵权的索赔工具的行为一直备受争议。在某些情况下，这些“纯专利”企业可能指控整个行业或整个市场上的大量公司侵权，并寻求经济赔偿解决争端，如达成许可协议（EPO，2007）。同时，还有一种观点认为那些质量不高的专利正是这类问题的产生原因。例如，软件程序中某个问题专利以单个例程为权利要求，对这项专利的指控将阻碍整个软件程序的开发，阻止后续创新，还会增加不必要的成本，并最终将这些成本转嫁到消费者身上（FTC，2003）。当前，政府有望朝着最有益于社会公共利益的方向引导知识产权市场的发展，同时企业则必须推进已融合到商业规划的战略性知识产权管理的发展。

为了促进知识产权流动并提升创新，政策制定者应加强制止反创新的行为以维护知识产权市场秩序，此外，还应鼓励知识产权市场的发展、促进知识产权专业公司的业务提升。由于每一种被视为反创新知识产权开发利用活动的特征变化多样且各不相同，似乎并没有一种特定的政策可以阻止所有的反创新的专利开发利用活动。因此，政策制定者应该制定全面的政策，包括知识产权体制、竞争和税收等方面的政策。特别是，政策制定者应该探索各种方法和路径：加强知识产权转移过程的透明度和可预测性（如通过专利许可和专利销售信息的公开构建广泛接受的合理市场价格）；确保专利质量以增强技术交易过程中的诚信；制定恰当的调节措施以应对知识产权交易市场中的反创新活动（如对知识产权交易制定恰当的竞争法和专利赔偿政策）。

# 附录 1　知识产权专业公司的市场活动

| 公司/组织 | 成立时间 | 活动范围(员工人数、交易记录等) | 商业模式 |
|---|---|---|---|
| 知识产权资本集团(IP Capital Group) | 1998 | 交付 450 多件知识产权业务，主要服务于那些寻求建立并执行知识产权战略、强化及货币化知识产权组合、建立并实施知识资产管理的公司 | 知识产权管理支持 |
| Thinkfire | 2001 | • 25 名员工(截至 2007 年)<br>• 为超过 80 家全球科技公司和投资机构提供知识产权咨询和交易服务(如黑石集团、惠普、柯达、NEC 和诺基亚) | • 知识产权管理支持<br>• 知识产权经纪 |
| IPotential | 2003 | • 截至 2009 年 1 月，完成 123 件专利事务，销售 3895 件专利/专利申请<br>• 自 2003 年起，全部业务价值超过 2. 65 亿美元 | • 知识产权管理支持<br>• 知识产权经纪 |

续表

| 公司/组织 | 成立时间 | 活动范围（员工人数、交易记录等） | 商业模式 |
|---|---|---|---|
| 意诺新公司（InnoCentive） | 2001 | • 截至2009年4月，有32个员工<br>• 在线注册登记的技术疑难解决方超过160000人<br>• InnoCentive主页上发布的技术疑难超过800个，大约400个问题依靠解决方得到解决<br>• 发布疑难的解决奖金达2000万美元，其中大约有400万美元成功支付给方案被采纳的解决方 | 在线知识/知识产权市场 |
| NineSigma | 2000 | • 借助来自135个国家的解决方组成的网络，全球1000个客户提出的1500多个开放创新项目得到解决<br>• 收到来自解决方的20000多个创新解决方案<br>• 促成技术疑难寻求方和解决方之间超过1200万美元的交易 | 在线知识/知识产权市场 |
| YourEncore | 2003 | • 借助5000多位退休和经验丰富的科学家及工程师的专业团队，为客户公司提供解决方案<br>• 为客户公司完成600多项事务 | 在线知识/知识产权市场 |
| yet2. com | 1999 | • 在线注册用户超过120000人<br>• 5000多项技术通过在线市场提供 | 在线知识/知识产权市场 |

续表

| 公司/组织 | 成立时间 | 活动范围(员工人数、交易记录等) | 商业模式 |
|---|---|---|---|
| UTEK | 1996 | • 110 个员工<br>• 管理 6 个在线技术市场：pharmalicensing. com，genericlicensing. com，Knowledge Express，PHARMA-TRANSFER，Tech Ex，TekScout | 在线知识/知识产权市场 |
| Fluid Innovation | 2005 | • 截至 2008 年 6 月，有 4 个全职员工<br>• 1000 多家公司在线建档<br>• 120 多个软件在网上市场在线销售 | 在线知识/知识产权市场 |
| Ocean Tomo | 2003 | • 横跨美国和欧洲，举行了 10 场现场拍卖会，交易金额超过 1 亿美元 | 知识产权现场交易，在线市场 |
| FreePatent Auction | 2004 | 通过网站提供 1600 多项专利 | 知识产权拍卖，在线市场 |
| 斯坦福大学技术授权办公室(OTL) | 1970 | • 在 2008 财年，签署 107 项许可协议<br>• 在 2008 财年，获得来自于 546 项技术 6250 万美元特许权收益 | 大学技术授权/转让 |
| Flintbox | 2003 | • 在线数据库包含 1400 项专利 | 在线知识/知识产权市场<br>大学技术授权/转让 |

续表

| 公司/组织 | 成立时间 | 活动范围(员工人数、交易记录等) | 商业模式 |
|---|---|---|---|
| MPEG LA | 1996 | • 截至2009年4月，管理8个专利池(联合许可计划)<br>-MPEG-2(25位专利权人，来自57个国家的875件专利，164位被许可人)<br>-ATSC(7位专利权人，来自21个国家的110件专利，98位被许可人)<br>-AVC/H. 264(24位专利权人，来自41个国家的681件专利，587位被许可人)<br>-VC-1(17位专利权人，来自32个国家的503件专利，111位被许可人)<br>-MPEG-4 Visual(29位专利权人，来自51个国家的862件专利，608位被许可人)<br>-MPEG-2 System(8位专利权人，来自29个国家的185件专利，68位被许可人)<br>-IEEE 1394(10位专利权人，来自22个国家的268件专利，388位被许可人)<br>-LTE(筹建中) | 专利池<br>(MPEG-2，ATSC，AVC/H. 264，VC-1，MPEG-4 Visual，MPEG-2 Systems，IEEE 1394，LTE) |

续表

| 公司/组织 | 成立时间 | 活动范围(员工人数、交易记录等) | 商业模式 |
| --- | --- | --- | --- |
| Via licensing | 2002 | • 管理11个专利池(联合许可计划)<br>- Advanced Audio Coding(12位专利权人，超过400位被许可人)<br>- AGORA-C(4位专利权人)<br>- Digital Radio Mondiale(14位专利权人，14位被许可人)<br>- IEEE 802.11(8位专利权人)<br>- DVB-MHP(7位专利权人)<br>- MPEG-2 AAC(5位专利权人，125位被许可人)<br>- MPEG-4 SLS<br>- MPEG Surround Standard<br>- Near Field Communication(4位专利权人)<br>- tru2way/OCAP(7位专利权人，6位被许可人)<br>- TV-Anytime(8位专利权人) | 专利池(Advanced Audio Coding，AGORA-C，Digital Radio Mondiale，IEEE 802.11，DVB-MHP，MPEG-2 AAC，MPEG-4 SLS，MPEG Surround Standard，Near Field Communication，tru2way/OCAP，TV-Anytime) |

续表

| 公司/组织 | 成立时间 | 活动范围(员工人数、交易记录等) | 商业模式 |
|---|---|---|---|
| SISVEL | 1982 | • 管理10个专利池(联合许可计划)<br>- MPEG Audio(6位专利权人，1000多位被许可人)<br>- DVB-T(4位专利权人，173位被许可人)<br>- ATSS[专利权人：Edico(SISVEL的一个子公司)，20位被许可人]<br>- WSS(5位专利权人，23位被许可人)<br>- TOPteletext(5位专利权人，40位被许可人)<br>- UHF-RFID(6位专利权人)<br>- CDMA2000(5位专利权人)<br>- DECT(专利权人：意大利电信)<br>- DVB-H(筹建中)<br>- DVB-T2(筹建中) | 专利池(MPEG Audio，DVB-T，ATSS，WSS，TOPteletext，UHF-RFID，CDMA2000，DECT，DVB-H，DVB-T2) |
| ULDAGE有限公司 | 2006 | • 管理2个专利池(许可方案)，包括15位许可人的300多件日本必要专利<br>• 分许可给120多位被许可人 | 专利池(ARIB，CATV) |

续表

| 公司/组织 | 成立时间 | 活动范围(员工人数、交易记录等) | 商业模式 |
|---|---|---|---|
| 专利开放联盟 | 2008 | 启动 WiMAX 专利池(Via Licensing 代表 Open Patent Alliance 促成专利池形成并管理专利池) | 专利池(WiMAX) |
| 3G 许可联盟 | 2004 | 管理 W-CDMA 专利许可计划(12 位专利权人,超过 300 件 W-CDMA 核心专利家族) | 专利池/专利平台(W-CDMA) |
| Inter Digital, Inc. | 1972 (20 纪世 90 年代开始基于专利许可的业务) | • 将近 400 名员工<br>• 持有与无线通信技术相关的 3000 多项专利,以及 9000 项专利申请<br>• 与 40 家左右无线装备制造商签订专利许可协议,覆盖 CMDA 和 W-CDMA 等技术标准(如苹果公司、LG、NEC、黑莓、诺基亚、三星)<br>• 2008 年获得超过 2 亿美元的许可费 | 知识产权/技术研发和授权 |
| 高通公司 | 1985 | • 在 2008 财年,通过技术和知识产权许可获得 39.8 亿美元收入<br>• 知识产权组合包含 10100 件关于无线通信技术的美国专利<br>• 向 165 家电信设备制造商许可其知识产权许可 | 知识产权/技术研发和授权 |

续表

| 公司/组织 | 成立时间 | 活动范围(员工人数、交易记录等) | 商业模式 |
| --- | --- | --- | --- |
| Rambus | 1990 | • 2008年，通过许可技术和知识产权获得1.27亿美元收入(2007年1.54亿美元，2006年1.69亿美元)<br>• 拥有美国专利和外国公开专利共超过740件，大约有500件专利申请 | 知识产权/技术研发和授权 |
| WiLAN | 1992(在2006年，将其业务聚焦于专利的开发、保护和货币化) | • 在2008财年，许可收入为2660万美元<br>• 向超过190家公司许可其技术和专利权<br>• 持有已公开和正在申请的专利共670多件，其中370多件专利与无线通信技术相关 | 知识产权/技术研发和授权 |
| Avistar Communication | 1993 | • 共有66件美国和外国专利<br>• 启动专利授权和知识产权维权程序<br>• 2004年，与宝利通(Polycom)达成和解，获得2700万美元的侵权赔偿和交叉许可 | 知识产权/技术研发和授权 |

续表

| 公司/组织 | 成立时间 | 活动范围(员工人数、交易记录等) | 商业模式 |
| --- | --- | --- | --- |
| 富信集团（Inter Trust） | 1990 | • 2000 年，有 376 名员工<br>• 2009 年，大约有 40 名员工<br>• 在全世界拥有超过 100 件公开专利，300 多件正在进行的专利申请<br>• 2002 年，将专利组合许可给索尼公司，获得 2400 万美元<br>• 2002 年，向微软公司指控专利侵权<br>• 2003 年，索尼公司和飞利浦公司花 4.53 亿美元参股<br>• 2004 年，与微软公司达成和解，获得 4.4 亿美元赔偿 | 知识产权/技术研发和授权 |
| 高智公司 | 2000 | • 大约有 550 名员工<br>• 从投资者那里募集约 50 亿美元<br>• 花费超过 10 亿美元<br>• 拥有约 27000 件资产（公开专利和专利申请）<br>• 向投资者返利约 10 亿美元 | 知识产权投资基金<br>技术/知识产权开发和授权<br>知识产权集合和授权 |

续表

| 公司/组织 | 成立时间 | 活动范围(员工人数、交易记录等) | 商业模式 |
|---|---|---|---|
| Acacia Technologies | 1992（2003年开始以专利许可为主要业务） | • 截至2008年，有50名员工<br>• 拥有100多个专利组合<br>• 收入来源于55件许可项目<br>• 完成650多件许可<br>• 有5000万美元流动资金用于向侵权者启动或继续维权行动<br>• 2008年，从授权计划中获得4800万美元收益 | 技术/知识产权开发和授权<br>知识产权集合和授权 |
| Rembrandt IP Management | 2004 | • 筹集了1.5亿美元用于专利投资 | 知识产权集合和授权 |
| RPX公司 | 2008 | • 获得了150多个美国专利和60多个美国专利申请<br>• 购买了价值超过9000万美元的专利 | 防御性专利集合 |
| Allied Security Trust | 2008 | • 以250000美元加入AST，并以500万美元建立专利购买基金 | 防御性专利集合 |

续表

| 公司/组织 | 成立时间 | 活动范围(员工人数、交易记录等) | 商业模式 |
| --- | --- | --- | --- |
| 开源发明网络(OIN) | 2005 | • 持有专利和专利申请共超过275件 | 防御性专利集合 |
| 环保专利共享计划 | 2008 | • 以9家公司抵押的100件环境友好型技术专利组成专利池 | 专利自由分享行动 |
| DRI资本 | — | • 投资管理公司，专注于医疗行业专利特许使用权的投资，掌管10亿美元<br>• 目前管理两个基金：特许权货币化基金(Royalty Monetization Fund)和结构性融资基金(the Structured Finance Fund)<br>• 获得一些商品的特许权现金流，超过8.5亿美元[仅2007年，用于购买依那西普、鼻内用流感疫苗、Preotact(一种重组甲状旁腺素药物)和长效干扰素等产品的特许权的资金部署就达4.5亿美元] | 基于知识产权的融资(知识产权结构融资) |

续表

| 公司/组织 | 成立时间 | 活动范围(员工人数、交易记录等) | 商业模式 |
|---|---|---|---|
| 皇家医药公司 | 1996 | • 投资管理公司，专注于医疗行业专利特许使用权的投资<br>• 2007年，实现特许使用收益达3.85亿美元(2006年为2亿美元，2005年为1.61亿美元，2004年为1.22亿美元，2003年为6700万美元)<br>• 从各种渠道获取专利特许使用权(以7亿美元从美国西北大学购买普瑞巴林的特许使用权，以6.5亿美元从纽约大学购买英利昔单抗的特许使用权等) | 基于知识产权的融资(知识产权结构融资) |
| 考恩医疗许可费合伙公司 | 2007 | • 专注于医疗行业专利特许使用权的投资，掌管5亿多美元<br>• 向Dyax集团投资6500万美元，向Eterna Zentaris投资5250万美元，向Artes Medical投资2250万美元，向Life Cycle Pharma投资1.05亿美元 | 基于知识产权的融资(知识产权结构融资) |

续表

| 公司/组织 | 成立时间 | 活动范围(员工人数、交易记录等) | 商业模式 |
|---|---|---|---|
| Paul Capital Partners | 1999 | • 15 名员工<br>• 投资基金，专注于医疗行业专利特许使用权的投资，掌管 16 亿美元资本<br>• 已完成 40 项投资(例如，英国阿斯顿大学、帝国理工学院、癌症研究技术公司) | 基于知识产权的融资(知识产权结构融资) |
| 专利融资咨询 | 2004 | • 管理 100 亿日元(大约 1100 万美元)基金<br>• 投资 4 个项目 | 基于知识产权的融资(知识产权结构融资) |
| 日本创新网络集团(INCJ) | 2009 | • 掌管的投资资本总量为 9000 亿日元(约 96 亿美元)<br>• 计划投资于创新发明 | 基于知识产权的融资(创新投资基金) |

续表

| 公司/组织 | 成立时间 | 活动范围(员工人数、交易记录等) | 商业模式 |
|---|---|---|---|
| Altitude 资本合伙公司 | 2005 | • 筹集2.5亿美元，向持有价值的知识产权资产的企业投资<br>• 截至2008年9月，达成近1.2亿美元的16项投资/委托交易<br>• 向 Deep Nines 投资800万美元<br>• 向 VISTO 集团投资3500万美元<br>• 向 MercExchange 投资625万美元 | 基于知识产权的融资 |
| Coller IP Capital | — | • 计划在1年内为知识产权投资2亿美元 | 基于知识产权的融资 |
| NW Patent Funding | 2006 | • 管理5000万~1亿美元的基金 | 基于知识产权的融资 |
| New Venture PartnersLLC | 2001 | • 在全球技术公司的 R&D 实验室和业务单元中进行了50多项技术风险投资<br>• 管理2.75亿美元基金 | 基于知识产权的融资 |

# 译名对照表

## 1. 组织机构

| 序号 | 缩略语 | 英文 | 中文 | 章节 |
|---|---|---|---|---|
| 1 | JPO | Japan Patent Office | 日本特许厅 | 1 |
| 2 | OECD | Organization for Economic Co-operation and Development | 经济合作与发展组织 | 1 |
| 3 | EPO | European Patent Office | 欧洲专利局 | 1 |
| 4 | EU | European Union | 欧盟 | 1 |
| 5 | FTC | Federal Trade Commission | 美国联邦贸易委员会 | 1 |
| 6 | IPXI | Intellectual Property Exchange International | 国际知识产权交易所 | 2. 2 |
| 7 | OTL | Stanford University Office of Technology Licensing | 斯坦福大学技术转移许可办公室 | 2. 2 |
| 8 | IIT-B | Indian Institute of Technology-Bombay | 印度理工学院孟买学院 | 2. 3 |

续表

| 序号 | 缩略语 | 英文 | 中文 | 章节 |
|---|---|---|---|---|
| 9 | — | Seoul National University | 韩国首尔国立大学 | 2. 3 |
| 10 | — | the Korea Advanced Institute of Science and Technology | 韩国高等科学技术大学 | 2. 3 |
| 11 | ISO | International Standards Organization | 国际标准化组织 | 2. 3 |
| 12 | IEC | International Electro Technical Commission | 国际电工委员会 | 2. 3 |
| 13 | NASA | National Aeronautics and Space Administration | 美国航空航天局 | 2. 4 |
| 14 | INCJ | Innovation Network Corporation of Japan | 日本创新网络集团 | 2. 5 |
| 15 | INPIT | the National Technology Transfer Center | 国家技术转移中心(日本) | 3 |
| 16 | EC | the European Commision | 欧盟委员会 | 3 |
| 17 | DPMA | The German Patent and Trade Mark Office | 德国专利商标局 | 3 |
| 18 | UKIPO | The Intellectual Property Office in the United Kingdom | 英国知识产权局 | 3 |
| 19 | IRC | network of Innovation Relay Centres | 创新驿站 | 3 |
| 20 | — | Enterprise Europe Network | 欧洲企业联盟网络 | 3 |

续表

| 序号 | 缩略语 | 英文 | 中文 | 章节 |
|---|---|---|---|---|
| 21 | NTTC | National Center for Industrial Property Information and Training | 国家工业产权信息和培训中心 | 3 |
| 22 | METI | the Ministry of Economy Trade and Industry | 日本经济产业省 | 3 |
| 23 | NIH | the National Institutes of Health | 美国国立卫生研究院 | 3 |
| 24 | — | the Japan Fair Trade Commission | 日本公平交易委员会 | 3 |
| 25 | USPTO | the United States Patent and Trademark Office | 美国专利与商标局 | 3 |
| 26 | — | the Council for Science and Technology Policy | 日本科学和技术政策委员会 | 3 |

## 2. 术语

| 序号 | 英文 | 中文 | 章节 |
|---|---|---|---|
| 1 | technological complexity | 技术复杂性 | 1 |
| 2 | technological convergence | 技术融合度 | 1 |
| 3 | Open Innovation | 开放式创新 | 1 |
| 4 | innovation process | 创新过程 | 1 |
| 5 | knowledge diffusion | 知识扩散 | 1 |
| 6 | licensee | 被许可人 | 1 |
| 7 | technology suppliers | 技术供给方/技术卖方 | 1 |

续表

| 序号 | 英文 | 中文 | 章节 |
|---|---|---|---|
| 8 | property right | 财产权 | 1 |
| 9 | exploitation of patents | 专利开发利用 | 1 |
| 10 | patent transaction market | 专利交易市场 | 1 |
| 11 | international licensing | 国际许可 | 1 |
| 12 | IP, Intellectual Property | 知识产权 | 1 |
| 13 | patents | 专利 | 1 |
| 14 | copyrights | 版权 | 1 |
| 15 | trademark | 商标 | 1 |
| 16 | Receipts from international licensing | 国际许可收入 | 1 |
| 17 | flow of patents | 专利流动 | 1 |
| 18 | patent-related transactions | 专利相关交易 | 1 |
| 19 | technology-oriented companies | 技术导向型企业 | 1 |
| 20 | patent remedies | 专利救济 | 1 |
| 21 | damage awards | 损害赔偿 | 1 |
| 22 | injunction | 侵权警告 | 1 |
| 23 | patent portfolios | 专利组合 | 1 |
| 24 | circulation of patents | 专利循环流通 | 1 |
| 25 | types of IP transaction | 知识产权交易形式 | 2 |
| 26 | IP Specialist Firms | 知识产权专业公司 | 2 |
| 27 | IP management support service | 知识产权管理支持服务 | 2 |
| 28 | IP strategy advice | 知识产权战略建议 | 2 |

续表

| 序号 | 英文 | 中文 | 章节 |
|---|---|---|---|
| 29 | portfolio analysis | 专利组合分析 | 2 |
| 30 | licensing strategy advice | 许可策略咨询 | 2 |
| 31 | patent infringement analysis | 专利侵权分析 | 2 |
| 32 | patent licence brokerage | 专利许可经纪 | 2 |
| 33 | Online IP marketplace | 在线知识产权市场 | 2 |
| 34 | IP(live) auction | 知识产权（现场）拍卖 | 2 |
| 35 | Online IP auction | 在线知识产权拍卖 | 2 |
| 36 | IP licence-right trading market | 知识产权许可权利交易市场 | 2 |
| 37 | patent pool | 专利池 | 2 |
| 38 | IP aggregation and licensing | 知识产权集成许可 | 2 |
| 39 | defensive patent aggregation funds | 防御性专利集成基金 | 2 |
| 40 | IP-structured finance | 知识产权结构融资 | 2 |
| 41 | IP-centric firm | 知识产权密集型企业/以知识产权为核心业务的企业 | 2. 1 |
| 42 | patent owner | 专利权人 | 2. 1 |
| 43 | patent family | 专利家族 | 2. 1 |
| 44 | patent mapping | 专利地图 | 2. 1 |
| 45 | infringement analysis | 侵权分析 | 2. 1 |
| 46 | potential licensee identification | 潜在被许可人识别 | 2. 1 |

续表

| 序号 | 英文 | 中文 | 章节 |
|---|---|---|---|
| 47 | licensing negotiation | 许可谈判 | 2. 1 |
| 48 | IP litigation | 知识产权诉讼 | 2. 1 |
| 49 | IP valuation | 知识产权价值评估 | 2. 1 |
| 50 | patent analysis | 专利分析 | 2. 1 |
| 51 | patent management strategies | 专利管理战略 | 2. 1 |
| 52 | patent licensing strategy formulation | 专利许可战略制定 | 2. 1 |
| 53 | patent infringement analysis | 专利侵权分析 | 2. 1 |
| 54 | IP specialist firms | 知识产权专业公司 | 2. 1 |
| 55 | IP consulting firms | 知识产权咨询公司 | 2. 1 |
| 56 | reverse engineering | 反向工程 | 2. 1 |
| 57 | IP trading mechanism | 知识产权交易机制 | 2. 2 |
| 58 | in-licensing technologies/patents | 技术/专利引进许可 | 2. 2 |
| 59 | core technologies | 核心技术 | 2. 2 |
| 60 | acquiring patents | 专利获取 | 2. 2 |
| 61 | key technologies | 核心技术 | 2. 2 |
| 62 | risk of patent assertion | 专利侵权指控风险 | 2. 2 |
| 63 | out-licensing technologies/patents | 技术/专利输出许可 | 2. 2 |
| 64 | patent holders | 专利权人 | 2. 2 |
| 65 | IP brokerage service | 专利经纪服务 | 2. 2 |
| 66 | IP brokers | 知识产权经纪 | 2. 2 |
| 67 | candidate patents | 候选专利 | 2. 2 |
| 68 | alleged infringers | 侵权指控 | 2. 2 |

续表

| 序号 | 英文 | 中文 | 章节 |
| --- | --- | --- | --- |
| 69 | TLOs, Technology Licensing Offices | 技术许可办公室 | 2. 2 |
| 70 | TTOs, Technology Transfer Offices | 技术转移办公室 | 2. 2 |
| 71 | royalty revenue | 特许权使用费收益 | 2. 2 |
| 72 | litigation avoidance | 诉讼回避 | 2. 3 |
| 73 | IP portfolio | IP 组合 | 2. 3 |
| 74 | essential patents | 基本专利/核心专利 | 2. 3 |
| 75 | horizontal division of labour | 平行分工 | 2. 3 |
| 76 | patent consortiums | 专利联盟 | 2. 3 |
| 77 | stack of royalties | 多层级特许权使用费 | 2. 3 |
| 78 | patent evaluator | 专利评估机构/专利评估者 | 2. 3 |
| 79 | evaluation of essentiality | 核心性评估 | 2. 3 |
| 80 | licence fees | 许可费 | 2. 3 |
| 81 | exclusive licence | 独占许可 | 2. 3 |
| 82 | joint licence | 联合许可 | 2. 3 |
| 83 | licensing programme | 许可计划 | 2. 3 |
| 84 | know-how | 技术秘密 | 2. 3 |
| 85 | patent market | 专利市场 | 2. 3 |
| 86 | IP monetisation | 知识产权货币化 | 2. 3 |
| 87 | tech-transfer partnering programme | 技术转移合作计划 | 2. 3 |
| 88 | SMEs, Small-Medium Enterprises | 中小企业 | 2. 3 |
| 99 | patent lawyers | 专利律师 | 2. 3 |

续表

| 序号 | 英文 | 中文 | 章节 |
|---|---|---|---|
| 90 | IP experts | 知识产权专家 | 2. 3 |
| 91 | patent-related matters | 专利相关事务 | 2. 3 |
| 92 | external patents | 外部专利 | 2. 3 |
| 93 | patent creation | 专利创造 | 2. 3 |
| 94 | patent collection | 专利收集 | 2. 3 |
| 95 | licensing packages | 许可打包组合 | 2. 3 |
| 96 | IP enforcers | 专利实施者 | 2. 4 |
| 97 | damaging litigation | 侵权损害诉讼 | 2. 4 |
| 98 | joint innovation | 联合创新 | 2. 4 |
| 99 | IP-based financing | 知识产权融资 | 2. 5 |
| 100 | IP-based collateral | 知识产权抵押 | 2. 5 |
| 101 | IP-based investment | 知识产权投资 | 2. 5 |
| 102 | IP-securitisation | 知识产权证券 | 2. 5 |
| 103 | IP-backed lending | 知识产权抵押贷款 | 2. 5 |
| 104 | IP assets | IP 资产 | 2. 5 |
| 105 | cutting-edge technologies | 尖端技术 | 2. 5 |
| 106 | small start-ups | 小型初创企业 | 2. 5 |
| 107 | bundled patents | 打包专利 | 2. 5 |
| 108 | IP funds | 知识产权基金 | 2. 5 |
| 109 | complementary pieces of IPRs | 外围知识产权 | 2. 5 |
| 110 | IP-based structured finance | 知识产权的结构融资 | 2. 5 |
| 111 | royalty interests | 特许使用权益 | 2. 5 |

续表

| 序号 | 英文 | 中文 | 章节 |
|---|---|---|---|
| 112 | royalty streams | 专利特许使用权 | 2.5 |
| 113 | royalties | 特许权使用费 | 2.5 |
| 114 | royalty-interests portfolios | 特许使用权益组合 | 2.5 |
| 115 | patented technologies | 专利技术 | 2.5 |
| 116 | technical seeds | 技术种子(核心技术) | 2.5 |
| 117 | IP-centric financing model | 以知识产权为中心的融资模式 | 2.5 |
| 118 | IPR-exploitation activities | 知识产权开发利用活动 | 2.5 |
| 119 | IP consulting services | 知识产权咨询服务 | 2.5 |
| 120 | patent monetisation | 专利货币化 | 2.5 |
| 121 | patent litigation matters | 专利诉讼纠纷 | 2.5 |
| 122 | non-exclusive rights | 非专属权 | 2.5 |
| 123 | patent infringement disputes | 专利侵权纠纷 | 2.5 |
| 124 | perpetual and fully-paid licence | 永久完全支付许可 | 2.5 |
| 125 | licensable patents | 可许可专利 | 3 |
| 126 | exploitation of IP | 知识产权开发利用 | 3 |
| 127 | Patent Licensing Advisors | 专利许可顾问 | 3 |

续表

| 序号 | 英文 | 中文 | 章节 |
|---|---|---|---|
| 128 | research tools in life science | 生命科学研究工具 | 3 |
| 129 | terms of licensing | 专利许可条款 | 3 |
| 130 | patent grant number | 专利授权号 | 3 |
| 131 | patentee | 专利权人 | 3 |
| 132 | exercise of patents | 专利运用 | 3 |
| 133 | the exhaustion doctrine | 权利耗尽原则 | 3 |
| 134 | abuse of right | 权利滥用 | 3 |
| 135 | violation of patents | 专利被侵权 | 3 |
| 136 | block exemption regulation | 整体豁免规则 | 3 |
| 137 | safe harbour rule | 避风港规则 | 3 |
| 138 | substantial examination | 专利实质审查 | 3 |
| 139 | office actions | 专利局审查决定书 | 3 |

# 参考文献

[1] Altitude Capital Partners. Altitude Capital Partners Completes First-Ever Dual Private Equity Investment/ Intellectual Property Investment in Deep Nines, Inc. , Altitude Capital Partners, http://www. altitudecp. com/pdf/DeepNines% 20 final. pdf,2007.

[2] Barron, R. J. Venture Funded IP Litigation Funds (VFLP-IP) What, Who, How, presentation at Wisconsin Intellectual Property Law Association Meeting, 16 September 2008, Milwaukee, WI.

[3] Benassi, M. and A. Di Minin. Playing in between: Patent Brokers in Markets for Technology, R&D Management, Vol. 39, No. 1, January 2009:68-86, Blackwell Publishing.

[4] Center for Patent Innovations at New York Law School. Peer to Patent Second Anniversary Report, Center for Patent Innovations at New York Law School, New York, NY, 2009.

[5] Chesbrough, H. Open Innovation: The New Imperative for Creating and Profiting from Technology, Harvard Business

School Press, Boston, MA, 2003.

[6] Chesbrough, H. Open Business Models: How to Thrive in the New Innovation Landscape, Harvard Business School Press, Boston, MA, 2006(a).

[7] Chesbrough, H. Emerging Secondary Markets for Intellectual Property: US and Japan Comparisons, National Center for Industrial Property Information and Training(INPIT), Tokyo, 2006(b).

[8] Chesbrough, H., W. Vanhaverbeke, and J. West. Open Innovation: Researching a New Paradigm, Oxford University Press, 2006.

[9] Clark, J., J. Piccolo, B. Stanton, and K. Tyson. Patent Pools: A Solution to the Problem of Access in Biotechnology Patents? United States Patent and Trademark Office (USPTO), 2000.

[10] DRI Capital. DRI Capital Launches Structured Finance Fund, DRI Capital, http://www.dricapital.com/show_info.php?page_id=31, 2008.

[11] eBay. eBay inc. and MercExchange, L. L. C. Reach Settlement Agreement, eBay, http://investor.ebay.com/releasedetail.cfm?releaseid=296670, 2008.

[12] EC (European Commission). Communication from the Commission to the European Parliament and the Council—Enhancing the patent system in Europe, EC, Brus-

sels,2007.

[13]EC (European Commission). Communication from the Commission to the European Parliament, the Council and the European Economic and Social Committee—An Industrial Property Rights Strategy for Europe, EC, Brussels,2008.

[14]EPO(European Patent Office). Scenarios for the Future, EPO, http://www.epo.org/topics/patentsystem/scenarios-for-the-future.html,2007.

[15]FTC(Federal Trade Commission). To Promote Innovation: The Proper Balance of Competition and Patent Law and Policy, http://www.ftc.gov/os/2003/10/innovationrpt.pdf,2003.

[16]FTC(Federal Trade Commission). Public Hearings Concerning the Evolving Intellectual Property Marketplace, http://www.ftc.gov/os/2008/11/P093900ipwkspfrn.pdf,2008.

[17]Gray,C. A New Era in IP Licensing:The Unit License Right Program,The Licensing Journal, Vol. 28, No. 10, 2008: 27-32, Aspen publishers, NY.

[18]Hagel, J. and J. S. Brown. The Next Wave of Open Innovation, Business Week, 8 April 2009, McGraw-Hill, http://www.businessweek.com/innovate/content/apr2009/id2009048_360417.htm,2009.

[19]Hansell, S. Trolling for Patents to Fight Patent Trolls, The

New York Times, 30 March 2009, NY.

[20] INCJ (Innovation Network Corporation of Japan). A New Initiative to Drive Next-generation Businesses, INCJ, Tokyo, 2009.

[21] IPotential. Brokerage Brochure Website, http://ipotential.com/brokerage/IPotential _ Brokerage _ 2009 _ color. pdf, accessed 12 October 2009.

[22] IPXI (Intellectual Property Exchange International). Unit License Rights Contract Market, IPXI, http://www.ipxi. com/ipxi/doc/ULR% 20Transaction% 20Overview. pdf, accessed 12 Octo-ber 2009.

[23] IV (Intellectual Ventures). Invention Company, Intellectual Ventures, Opens Bellevue Laboratory, May 2009, IV.

[24] JPO (Japan Patent Office). New Intellectual Property Policy for Pro-Innovation: Intellectual Property System as Global Infras-tructure, JPO, http://www.jpo. go. jp/tori-kumi_e/puresu_e/pdf/press_new_intellectual_property_policy/report_e. pdf, 2008 (a).

[25] JPO (Japan Patent Office). Annual Report 2008, JPO, Tokyo.

[26] Keeler, R. Turbulent Times—Patent Opportunities, Financial Times, 30 December 2008.

[27] Klee, K. Playing Defense on Patents, The Deal Magazine, June 2009, the Deal, LLC.

[28] Lakhani, K. R. , L. B. Jeppesen, P. A. Lohse, and J. A. Panetta. The Value of Openness in Scientific Problem Solving, Harvard Business School Working Paper, No. 07-050, Harvard University, http://hbswk.hbs.edu/item/5612.html,2007.

[29] Malackowski, J. E. FTC Hearings on Developing Business Models and a National IP Economic Infrastructure, presentation at FTC (Federal Trade Commission) Public Hearings Concerning the Evolving Intellectual Property Marketplace, 17 April 2009, Washington, D. C. ,2007.

[30] McAfee. Annual Report 2008, McAfee, http://files.shareholder.com/downloads/MFE/746650748x0x282163/0076BD26-5B7B-4C1A-BBCF-1DB7781195A9/McAfee_Annual_Report.pdf,2009.

[31] METI (Ministry of Economy, Trade and Industry). Interpretive Guidelines on Electronic Commerce and Information Property Trading, METI, Tokyo,2007.

[32] Millien, R. and R. Laurie. A Summary of Established & Emerging IP Business Models, The Sedona Conference, Phoenix, AZ,2007.

[33] Millien, R. and R. Laurie. Meet the Middlemen, Intellectual Asset Management (IAM) Magazine, February/March 2008, Issue 28, Globe White Page Ltd.

[34] Monk, A. H. B. The Emerging Market for Intellectual

Property: Drivers, Restrainers, and Implications, Journal of Economic Geography, 2009, Vol. 9, Issue 4, pp. 469-491, Oxford University Press.

[35] OECD. Patents and Innovation: Trends and Policy Challenges, OECD, Paris, 2004.

[36] OECD. Science, Technology and Industry Outlook 2006, OECD, Paris, 2006.

[37] OECD. Open Innovation in Global Networks, OECD, Paris, 2008.

[38] OIN (Open Invention Network). Open Invention Network Extends the Linux Ecosystem as TomTom Becomes Licensee, OIN, 2009.

[39] OTL (Stanford University Office of Technology Licensing). Annual Report 2007-2008, OTL, http://otl.stanford.edu/about/resources/otlar08.pdf.

[40] Page, N. IV Shifts Gear, Intellectual Asset Management (IAM) Magazine, Issue 36, July/August 2009, Globe White Page Ltd.

[41] Palmisano, S. J. The Globally Integrated Enterprise, Foreign Affairs, Vol. 85, No. 3, Council on Foreign Relations, 2006: 127-136.

[42] RIM (Research in Motion). Research In Motion and Visto Sign Definitive Agreement to Settle Outstanding Litigation, RIM, http://press.rim.com/release.jsp? id=2432, 2009.

[43]Royalty Pharma. Royalty Pharma Financial Capabilities Website, http://www.royaltypharma.com/overview/capabilities.html, accessed 12 October 2009.

[44]Royalty Pharma. Royalty Pharma Case Studies Website, http://www.royaltypharma.com/casestudies/institutional/cs-msk.html, accessed 12 October 2009.

[45]Sandhu, A. A New Approach to Intellectual Property, Nature Nanotechnology, Vol. 4, January 2009, Macmillan Publishers Limited.

[46]Seyfer, J. Private Equity Helps Fuel IP Wars, Law. com., 28 June 2007.

[47]Shapiro, C. Navigating the Patent Thicket: Cross Licenses, Patent Pools, and Standard-Setting, in Jaffe, A. et al. eds., NBER Innovation Policy and the Economy, pp. 119- 150, MIT Press, Cambridge, MA.

[48]TB Alliance. A Global Effort to Reduce the Costs of a TB Drug Candidate, TB Alliance, http://www.tballiance.org/newscenter/view-brief.php? id=822, accessed 12 Octo-ber 2009.

[49]The Economist. A Market for Ideas: A Pioneering Innovation Marketplace is Making Steady Progress, The Economist, September 19th 2009, The Economist Newspaper Limited.

[50]Thumm, M. Talking Tactics: Business Strategies for the

Modern Organization, Patent World, Issue No. 202, May 2008:31-33.

[51]USPTO (United States Patent and Trademark Office). 2007-2012 Strategic Plan, USPTO, http://www. uspto. gov/web/offices/com/strat2007/stratplan2007-2012. pdf.

[52]Vardi, N. (2007), Patent Pirates, Forbes, http://www. forbes. com/free_forbes/2007/0507/044. html.

[53] Yurkerwich, D. Patent Sales and the IP Business Plan, Licensing in the Boardroom 2008, Globe White Page Ltd.

[54]Warda, J. Tax Treatment of Business Investments in Intellectual Assets, An International Comparison, OECD Science, Technology and Industry Working Papers, 2006/4, Directorate for Science, Technology and Industry, OECD, Paris, http://www. oecd. org/sti/wprking-papers.

[55]Watson, R. A Problem Shared Is a Problem Solved, Fast Company, 8 July 2008.